全国“八五”普法学习读本系列

法律明白人
应知应会法律救济途径实用手册

全国“八五”普法学习读本编写组　编

法律出版社
LAW PRESS · CHINA
北京

图书在版编目(CIP)数据

法律明白人应知应会法律救济途径实用手册 / 全国“八五”普法学习读本编写组编. -- 北京 : 法律出版社, 2022(2025.10 重印)
ISBN 978 -7 -5197 -6540 -8

Ⅰ. ①法… Ⅱ. ①全… Ⅲ. ①法律援助-基本知识-中国 Ⅳ. ①D926.04

中国版本图书馆 CIP 数据核字(2022)第 058405 号

法律明白人应知应会法律救济途径实用手册
FALÜ MINGBAIREN YINGZHI YINGHUI FALÜ JIUJI TUJING SHIYONG SHOUCE

全国“八五”普法学习读本编写组 编

策划编辑 沈小英
责任编辑 沈小英 任 娜
装帧设计 汪奇峰

出版发行 法律出版社
编辑统筹 法治与经济出版分社
责任校对 裴 黎 王 皓
责任印制 吕亚莉
经　　销 新华书店

开本 A5
印张 7.75　**字数** 159千
版本 2022 年 6 月第 1 版
印次 2025 年 10 月第 4 次印刷
印刷 天津嘉恒印务有限公司

地址:北京市丰台区莲花池西里 7 号(100073)
网址:www.lawpress.com.cn
投稿邮箱:info@lawpress.com.cn
举报盗版邮箱:jbwq@lawpress.com.cn
销售电话:010-83938349
客服电话:010-83938350
咨询电话:010-63939796

书号:ISBN 978 -7 -5197 -6540 -8
定价:49.80 元
凡购买本社图书,如有印装错误,我社负责退换。电话:010-83938349

撰稿人

刘哲玮　张　弛　夏志毅　李晓璇　肖至俏

编写说明

2020年11月16日至17日召开的中央全面依法治国工作会议，明确了习近平法治思想在全面依法治国工作中的指导地位，这是我国社会主义法治建设中具有现实意义和深远意义的大事。习近平法治思想是马克思主义法治理论中国化的最新成果，是习近平新时代中国特色社会主义思想的重要组成部分，是全面依法治国的根本遵循和行动指南。

在习近平新时代中国特色社会主义思想指导下，为深入学习贯彻习近平法治思想，我们编写了《法律明白人应知应会法律救济途径实用手册》，以落实《中央宣传部、司法部关于开展法治宣传教育的第八个五年规划（2021—2025年）》，切实抓好普法学习宣传，维护好村民合法权益，解决其日常生产生活中的法律问题，增强其法治观念，提升其法治素养。"法律明白人"培养工作被纳入法治社会建设和乡村振兴总体规划，作为加快推进乡村人才振兴工作的重要内容，也是加强基层普法工作队伍建设、健全精准有效普法工作体系的重要举措。"法律明白人"应在宣传习近平法治思想、法律、法规、党的政策，引导法律服务，化解矛盾纠纷，提高法律意识，参与社会治理中发挥示范引领作用，以推动农村形成办事依法、遇事找法、解决问题用法、化解矛盾靠法的法治环境。

本书的编写特色与特点：

第一，以基层社会中的常见纠纷及其法律救济为基础，总结归纳出涵盖了诉讼、仲裁、和解、调解等多种纠纷解决途径的60个问题，具体为纠纷解决方式篇（20个）、诉讼程序篇（25个）、证据篇（15个）。

第二，内容立足于最新修法动向、着眼于常见基础问题、致力于解决时事热点问题。以2022年起施行的新修正的《中华人民共和国民事诉讼法》、最高人民法院《关于适用〈中华人民共和国民事诉讼法〉的解释》为基础，为“法律明白人”的培养提供最新的法律素材。本书既对实践中最广泛、人民群众最关心的问题进行分析，又对近年的热点内容予以回应，同时吸收司法经验和地方法治实践情况，使本书成为集法律法规与案例分析于一体的专业工具书。

第三，在结构上每个问题除设立“案例”“法律分析”“知识链接”等常规栏目外，特设“纠纷解决技巧”栏目，结合法律救济途径选择的实际情况，引导读者理性地看待纠纷、科学地解决纠纷。每页配有笔记区，供读者学习时做笔记使用。每个问题均配有试题，方便读者检验学习成果，增强阅读印象。同时，本书附一套测试题，用于“法律明白人”自测、任前培训、上岗考核使用。

第四，深入浅出地讲解法律问题，把法律术语转化为生活语言、群众语言，力求简洁、平易；文风精炼，详略得当，重点突出，让读者轻松读、看得懂。

普法宣传是一个长期、持续的过程，任重道远。2020 年 12 月，中共中央印发了《法治社会建设实施纲要(2020—2025 年)》，明确提出到 2025 年，“八五”普法规划实施完成，法治观念深入人心，社会领域制度规范更加健全，社会主义核心价值观要求融入法治建设和社会治理成效显著，公民、法人和其他组织合法权益得到切实保障。希望本书能为中国特色社会主义法治体系建设、乡村振兴战略实施、“法律明白人”培养、村民的权益维护发挥作用，作出应有的贡献。

全国“八五”普法学习读本编写组

2022 年 4 月

目 录
Contents

笔记区

▶ 1. 救济方式有哪些?

案例

小美来到镇上新开业的美容院做面部护理。美容师在为小美洗脸时,称小美的脸上有许多黑头,店内有毛孔清洁项目,很适合小美。见小美犹豫不决,美容师又称,因开业酬宾,小美可免费体验该服务。小美欣然同意。结账时,美容师要求小美支付费用766元。小美大惊,面部护理是100元一次,毛孔清洁服务是免费体验,为何支付766元?美容师称,面部护理价格为100元,毛孔修护项目原价为866元,其中包括服务费200元、产品和美容仪使用费666元,开业酬宾的内容是该项目的服务免费,但产品和美容仪的使用并不免费。小美大呼上当。美容师认为,在做毛孔清法项目前,已向小美说明免费体验"服务",而小美已经使用了店内的产品和美容仪,理应支付相应的使用费。小美可以采取什么方式维护自己的合法权益呢?

法律分析

民事纠纷解决机制,按照是否有中立的第三方介入纠纷解决以及该第三方的角色,分为自力救济、社会救济和公力救济。

笔记区

自力救济，是指纠纷主体在没有中立的第三方介入的情况下，依靠自己的力量或其他私人资源解决纠纷。自力救济分为合法的自力救济和非法的自力救济，如和解就是合法的自力救济，而利用暴力、敲诈、黑社会等非法力量解决纠纷属于非法的自力救济。

社会救济，是指纠纷主体借助作为中立的第三方的社会力量介入纠纷解决，主要包括调解和仲裁。作为社会救济的调解是指非官方主体的调解，如人民调解委员会主持的人民调解等，不包括法院调解。仲裁分为商事仲裁和劳动仲裁，在没有特别说明的情况下，通常指商事仲裁。

公力救济，是指纠纷主体求助于国家公权力介入纠纷。国家公权力机关依据法律规范和法定程序解决纠纷，并以国家强制力保障执行。民事纠纷中的公力救济主要是民事诉讼。

各种救济方式各有利弊，应结合案件的具体情况综合考虑，选择最合适的救济方式维护当事人的合法权益。

知识链接

《中华人民共和国民事诉讼法》

第三条 人民法院受理公民之间、法人之间、其他组织之间以及他们相互之间因财产关系和人身关系提起的民事诉讼，适用本法的规定。

笔记区

第五十三条　双方当事人可以自行和解。

《中华人民共和国人民调解法》第二条　本法所称人民调解,是指人民调解委员会通过说服、疏导等方法,促使当事人在平等协商基础上自愿达成调解协议,解决民间纠纷的活动。

《中华人民共和国仲裁法》

第二条　平等主体的公民、法人和其他组织之间发生的合同纠纷和其他财产权益纠纷,可以仲裁。

第四十九条　当事人申请仲裁后,可以自行和解。达成和解协议的,可以请求仲裁庭根据和解协议作出裁决书,也可以撤回仲裁申请。

《中华人民共和国劳动争议调解仲裁法》

第二条　中华人民共和国境内的用人单位与劳动者发生的下列劳动争议,适用本法:

(一)因确认劳动关系发生的争议;

(二)因订立、履行、变更、解除和终止劳动合同发生的争议;

(三)因除名、辞退和辞职、离职发生的争议;

(四)因工作时间、休息休假、社会保险、福利、培训以及劳动保护发生的争议;

(五)因劳动报酬、工伤医疗费、经济补偿或者赔偿金等发生的争议;

笔记区

（六）法律、法规规定的其他劳动争议。

第四条　发生劳动争议，劳动者可以与用人单位协商，也可以请工会或者第三方共同与用人单位协商，达成和解协议。

纠纷解决技巧

我国目前的法律制度为纠纷主体提供了多种救济方式，但这些救济方式各有优势和不足。在熟悉各种救济方式的含义与特点的基础上，应结合个案的具体情况，选择与个案情形最适配的救济方式。在本案中，法律关系较为简单，争议金额不大，可优先建议双方和解或请中立第三人调解，和解或调解不成，再行提起民事诉讼。

试题

民事纠纷发生后，可以采取的救济方式不包括（　　）。①

A. 提起民事诉讼

B. 自行和解

C. 借助黑社会力量进行自力救济

D. 向人民调解委员会申请调解

---

① 答案：C。

笔记区

▶ 2. 什么是和解？什么是和解协议？

案例

小毛考上了清华大学法学院，成为镇上的"名人"。妈妈带小毛到镇上的刘姨理发店理发。理发时，刘姨在一旁拍照，称高才生到店理发，要拍照留念。两个月后，小毛的同学给小毛发来小毛在刘姨理发店理发的数张照片，并配有文字"来本店！做清华高才生同款！"及刘姨理发店的团购链接。该照片点击量超10万。小毛意识到自己的肖像权受到侵犯，欲起诉，又碍于妈妈与刘姨的交情。最终，小毛决定与刘姨和解。交涉后，刘姨主动道歉，保证立即删除全部相关照片，并赠与小毛价值500元的理发店充值卡以作补偿，但是希望小毛能够对此事保密，以维护刘姨的声誉。小毛同意了刘姨的请求，并与刘姨签订了和解协议。

法律分析

和解，是指双方当事人通过信息交换和沟通，在自愿互谅的基础上，就产生纠纷的事项达成共识，自行解决纠纷的一种方式。纠纷双方将和解过程中达成的共识所形成的书面契约，称为和解协议。通俗地说，和解就是私了，

笔记区

和解协议就是双方的私了协议。

需要注意的是，和解协议并不具有强制执行力。在一方不履行和解协议约定的义务时，另一方不能直接依据和解协议要求人民法院强制执行。只有在提起民事诉讼并获得胜诉判决后，若对方在规定的期限内仍不履行判决所确定的义务，方可申请强制执行。

本案中，如果小毛将刘姨诉至法院，那么小毛的妈妈与刘姨的友情难以维持。在刘姨主动道歉并积极采取补偿措施的情况下，小毛选择与刘姨和解并签订和解协议。一方面以高效率、低成本维护了自身的合法权益；另一方面也维护了妈妈与刘姨的私人关系。

知识链接

《中华人民共和国民法典》第二百三十三条 物权受到侵害的，权利人可以通过和解、调解、仲裁、诉讼等途径解决。

《中华人民共和国民事诉讼法》第五十三条 双方当事人可以自行和解。

《中华人民共和国仲裁法》第四十九条 当事人申请仲裁后，可以自行和解。达成和解协议的，可以请求仲裁庭根据和解协议作出裁决书，也可以撤回仲裁申请。

《中华人民共和国劳动争议调解仲裁法》第四条 发

生劳动争议，劳动者可以与用人单位协商，也可以请工会或者第三方共同与用人单位协商，达成和解协议。

笔记区

纠纷解决技巧

与诉讼等公力救济手段相比，和解无须缴纳费用、准备材料、往返奔波，具有高效、便捷等优点，尤其在熟人社会中，发挥着诉讼等公力救济手段所不能替代的作用。对于社会而言，和解也不会占用宝贵的司法资源，可以减轻法院的案件压力。因此，在纠纷双方有和解意愿时，应鼓励。同时，提示双方签订和解协议，若一方反悔，另一方可依据和解协议向法院起诉，维护自身合法权益；若纠纷双方没有和解意愿，则建议选择其他的权利救济方式，如调解、诉讼等，以妥善化解纠纷。

试题

在纠纷双方自愿互谅的情况下，首先建议双方采取何种纠纷解决方式？（　　）[①]

A. 自行和解　　B. 申请商事仲裁

C. 申请劳动仲裁　　D. 直接向法院起诉

① 答案：A。

笔记区

3. 什么是人民调解？人民调解与和解有什么区别？

案例

2021年9月1日，黄某来到村委会反映，本村的陈某在8月20日，驾驶挖掘机挖掉了黄氏家族的祖坟，并将碑石、泥土拖走，欲将该地占为己有。黄氏族人称，若此事近期得不到解决，就挖掉陈氏家族的祖坟。村人民调解委员会立即指派人民调解员小万介入。陈某告诉小万，争议地原是其姐夫吴某的地，其姐夫已将全部地送给他。小万找到吴某，吴某称并未赠与陈某全部地，只是将其中的20平方米送给陈某。在与吴某当面对质后，陈某承认自己先前说谎。小万将情况向黄某说明，黄某称愿意与黄氏族人商量，和平解决此事。2021年9月12日，小万邀请村干部、陈某、黄某、黄氏族人来到争议地，现场测量，为陈某划定20平方米的地块。在小万的努力下，陈某向黄某赔礼道歉，并表示赔偿相关损失共计12,000元。

法律分析

人民调解，是指人民调解委员会通过说服、疏导等方法，促使当事人在平等协商的基础上自愿达成调解协议，

笔记区

解决民间纠纷的活动。人民调解委员会是依法设立的调解民间纠纷的群众性组织，有权对各类民间纠纷进行调解。当事人可以向人民调解委员会申请调解，人民调解委员会也可以主动调解，但需遵循自愿、平等、合法的原则，若当事人明确拒绝，则不得调解。

和解，是指双方当事人通过信息交换和沟通，在自愿互谅的基础上，就产生纠纷的事项达成共识，自行解决纠纷的一种方式。和解与人民调解的区别主要是：第一，和解不必借助于人民调解委员会的介入，而人民调解必须借助于人民调解委员会的中立调解；第二，和解协议不能被申请司法确认，当事人也无法依和解协议申请强制执行，而人民调解协议的双方当事人自协议生效之日起 30 日内可向法院申请司法确认，当事人可依司法确认书申请强制执行。

知识链接

《中华人民共和国人民调解法》

第二条 本法所称人民调解，是指人民调解委员会通过说服、疏导等方法，促使当事人在平等协商基础上自愿达成调解协议，解决民间纠纷的活动。

第三条 人民调解委员会调解民间纠纷，应当遵循下列原则：

笔记区

（一）在当事人自愿、平等的基础上进行调解；

（二）不违背法律、法规和国家政策；

（三）尊重当事人的权利，不得因调解而阻止当事人依法通过仲裁、行政、司法等途径维护自己的权利。

第十七条 当事人可以向人民调解委员会申请调解；人民调解委员会也可以主动调解。当事人一方明确拒绝调解的，不得调解。

第三十三条 经人民调解委员会调解达成调解协议后，双方当事人认为有必要的，可以自调解协议生效之日起三十日内共同向人民法院申请司法确认，人民法院应当及时对调解协议进行审查，依法确认调解协议的效力。

人民法院依法确认调解协议有效，一方当事人拒绝履行或者未全部履行的，对方当事人可以向人民法院申请强制执行。

人民法院依法确认调解协议无效的，当事人可以通过人民调解方式变更原调解协议或者达成新的调解协议，也可以向人民法院提起诉讼。

纠纷解决技巧

人民调解与和解均属于诉外纠纷解决机制，与诉讼相比，都具有高效、便利、经济等优点。在选择纠纷解决方式时，建议特别注意人民调解与和解在法律效果上的差别。

经人民调解形成的调解协议经司法确认后，当事人可申请强制执行，而经和解形成的和解协议不能被直接申请强制执行。实践中，应向纠纷双方全面介绍人民调解与和解的特点与区别，充分了解纠纷双方的诉求，以提出合理的建议。

笔记区

试题

以下哪一项属于人民调解的特点？（　　）[①]

A. 无须中立第三方介入

B. 所达成的调解协议不能被申请司法确认

C. 需遵循自愿、平等、合法的原则

D. 只有法院才能启动人民调解程序

---

① 答案：C。

笔记区

4. 什么是调解协议的司法确认？司法确认有什么效力？

案例

罗某向同村好友肖某借款10万元，并立借据约定借期一年，不计利息。一年后，肖某见罗某没有还款的意思，多次上门讨要，未果。肖某找到村里的人民调解委员会。在调解中，罗某表示同意还款，但请求肖某宽限半年的时间。在调解委员会的调解下，肖某同意了罗某的请求，二人就新的还款时间及迟延还款的违约责任等达成调解协议，并向县人民法院申请了司法确认。县人民法院出具了司法确认书，认定肖某与罗某之间达成的调解协议有效。半年后，罗某仍未还款。肖某为维护自身的合法权益，持司法确认书至县人民法院申请强制执行。

法律分析

调解协议的司法确认，是民事诉讼法规定的特别程序的一种，即双方当事人依法申请人民法院对经人民调解委员会等依法设立的调解组织调解达成的协议确认其效力，以使其具有强制执行力。人民法院确认调解协议效力的裁定自送达双方当事人后发生法律效力，一方当事人在另一方当事人拒绝履行或未全部履行时，可申请人民法院强制执行。根据现行法规定，执行管辖法院是作出裁定的基层法院或被执行财产所在地的基层法院。但并非所有的调解协议都可以申请司法确认，如申请确认婚姻关系、亲子关系、收养关系等身份关系无效、有效或解除的，调解协议内容涉及物权、知识产权确权等，都不能申请司法确认。同时，也并非所有申请了司法确认的调解协议都可被法院确认有效，具有以下情形之一的，人民法院不予确认调解协议效力：违反法律强制性规定的；损害国家利益、社会公共利益、他人合法权益的；违背公序良俗的；违反自愿原则的；内容不明确的；其他不能进行司法确认的情形。

知识链接

《中华人民共和国民事诉讼法》

第二百零一条 经依法设立的调解组织调解达成调解协议，申请司法确认的，由双方当事人自调解协议生效之日起三十日内，共同向下列人民法院提出：

（一）人民法院邀请调解组织开展先行调解的，向作出邀请的人民法院提出；

（二）调解组织自行开展调解的，向当事人住所地、标的物所在地、调解组织所在地的基层人民法院提出；调解协议所涉纠纷应当由中级人民法院管辖的，向相应的中级

笔记区

人民法院提出。

第二百零二条 人民法院受理申请后，经审查，符合法律规定的，裁定调解协议有效，一方当事人拒绝履行或者未全部履行的，对方当事人可以向人民法院申请执行；不符合法律规定的，裁定驳回申请，当事人可以通过调解方式变更原调解协议或者达成新的调解协议，也可以向人民法院提起诉讼。

最高人民法院《关于适用〈中华人民共和国民事诉讼法〉的解释》

第三百五十一条 申请司法确认调解协议的，双方当事人应当本人或者由符合民事诉讼法第六十一条规定的代理人依照民事诉讼法第二百零一条的规定提出申请。

第三百五十五条 当事人申请司法确认调解协议，有下列情形之一的，人民法院裁定不予受理：

（一）不属于人民法院受理范围的；

（二）不属于收到申请的人民法院管辖的；

（三）申请确认婚姻关系、亲子关系、收养关系等身份关系无效、有效或者解除的；

（四）涉及适用其他特别程序、公示催告程序、破产程序审理的；

（五）调解协议内容涉及物权、知识产权确权的。

人民法院受理申请后，发现有上述不予受理情形的，应当裁定驳回当事人的申请。

笔记区

纠纷解决技巧

调解协议是当事人意思自治的产物，本身不具有强制执行力，仅相当于民事合同的效力。通过司法程序对调解协议的效力予以确认，赋予司法确认书以强制执行力，不仅有助于进一步保障当事人权利的实现，也有助于减轻国家的司法负担。调解协议的司法确认不收取任何费用，程序快捷，因此可以鼓励当事人在达成调解协议后申请司法确认。另外，在向当事人介绍司法确认的相关事项时，还需注意申请司法确认所需要满足的程序要求，须双方当事人自调解协议生效之日起 30 日内，共同向有管辖权的法院提出，并准备相应的材料等。

试题

关于调解协议的司法确认，以下说法错误的一项是（　　）。①

A. 必须向有管辖权的法院提出

B. 必须由双方当事人共同自愿申请

C. 任何时候都可以向法院申请确认调解协议的效力

D. 不是所有调解协议都会被法院确认有效

---

① 答案：C。

笔记区

▶ 5. 除了人民调解委员会，其他机构或个人作出的调解协议可以申请司法确认吗？

案例

黄某欲建房，经镇村规划管理部门审批后，开始动工。一层完工后，邻居李某称黄某新建房屋占用了李某家的宅基地，还损坏了李某种植多年的一棵银杏树，要求黄某补偿占用宅基地的使用费，赔偿财产损失费共计2万元。黄某承认占用了李某的宅基地、损坏了李某的银杏树，但认为2万元的赔偿额过高。双方多次交涉，无法达成共识。李某将黄某诉至法院。法院认为，李某与黄某是多年的邻居，且案件事实清楚，双方争议主要集中在金额的认定上，遂在立案前征得二人同意，将该案委派给调解员调解。通过调解，李某与黄某最终达成调解协议，由黄某向李某支付宅基地使用费、财产损失费1.5万元，并向法院申请司法确认。法院经审查确认了该调解协议的效力，并向二人出具了司法确认书。

法律分析

在我国实践中，除人民调解外，还存在个人与其他机构的调解。但依照现行法，目前可以申请司法确认的调解

笔记区

协议只有两种：第一，经人民调解委员会调解达成的调解协议；第二，经法院特邀调解组织或特邀调解员调解达成的调解协议。

在人民调解中，经人民调解委员会调解达成调解协议后，双方当事人认为有必要的，可以自调解协议生效之日起 30 日内共同向人民法院申请司法确认，人民法院依法确认调解协议有效，一方当事人拒绝履行或者未全部履行的，对方当事人可以向人民法院申请强制执行。

特邀调解，是指人民法院吸纳符合条件的人民调解、行政调解、商事调解、行业调解等调解组织或者个人成为特邀调解组织或者特邀调解员，接受人民法院立案前委派或者立案后委托依法进行调解，促使当事人在平等协商基础上达成调解协议、解决纠纷的一种调解活动。人民法院严格筛选聘任入册的特邀调解组织和特邀调解员并加强培训指导，以确保其具有良好的调解能力和职业信誉。人民法院委派特邀调解组织或特邀调解员进行调解，达成调解协议，当事人可以依照《中华人民共和国民事诉讼法》、《中华人民共和国人民调解法》等法律申请司法确认。本案中，黄某与李某所申请的调解协议司法确认，即属于此种类型。

笔记区

知识链接

《中华人民共和国人民调解法》第三十三条 经人民调解委员会调解达成调解协议后，双方当事人认为有必要的，可以自调解协议生效之日起三十日内共同向人民法院申请司法确认，人民法院应当及时对调解协议进行审查，依法确认调解协议的效力。

人民法院依法确认调解协议有效，一方当事人拒绝履行或者未全部履行的，对方当事人可以向人民法院申请强制执行。

人民法院依法确认调解协议无效的，当事人可以通过人民调解方式变更原调解协议或者达成新的调解协议，也可以向人民法院提起诉讼。

最高人民法院《关于人民法院特邀调解的规定》

第十九条 委派调解达成调解协议，特邀调解员应当将调解协议送达双方当事人，并提交人民法院备案。

委派调解达成的调解协议，当事人可以依照民事诉讼法、人民调解法等法律申请司法确认。当事人申请司法确认的，由调解组织所在地或者委派调解的基层人民法院管辖。

第二十五条 委派调解达成调解协议后，当事人就调解协议的履行或者调解协议的内容发生争议的，可以向人民法院提起诉讼，人民法院应当受理。一方当事人以原纠纷向人民法院起诉，对方当事人以调解协议提出抗辩的，

笔记区

应当提供调解协议书。

经司法确认的调解协议，一方当事人拒绝履行或者未全部履行的，对方当事人可以向人民法院申请执行。

纠纷解决技巧

调解是低成本、高效率化解纠纷的重要手段，调解协议的司法确认是保障当事人权利实现的重要途径。但是，并非所有的调解协议都可以申请司法确认，也并非只有人民调解协议才能够申请司法确认。在实践中，须特别注意识别调解协议的种类。一方面，避免让当事人产生“只要是调解协议都能申请司法确认”的盲目预期；另一方面，让原本可以申请司法确认的调解协议当事人不要错过申请司法确认的机会。

试题

除了人民调解协议，以下还有哪种调解协议可以申请司法确认？（　　）①

A. 经消费者协会调解所达成的调解协议

B. 经人民法院委派调解所达成的调解协议

C. 经村干部调解所达成的调解协议

D. 经妇联调解所达成的调解协议

---

① 答案：B。

笔记区

▶6. 什么是行政调解？行政调解不履行怎么办？

案例

孔某驾驶轿车前往城北镇曾家村访友。行至蒋家村路段时手机有来电，孔某见路上车辆不多，便拿起手机接听电话。经过弯道时，蒋某驾驶农用三轮车从对面驶来，孔某躲避不及，与之相撞，造成蒋某左腿胫骨骨折，孔某擦伤。经调查，交警判定孔某开车时违规接听电话，对本次事故负全部责任。经双方同意，交警就孔某向蒋某赔偿损失的金额进行调解，达成如下调解协议：自调解协议签订之日起7日内，孔某向蒋某赔偿医药费、误工费、营养费、交通费等共计5万元。一周后，孔某仍未向蒋某履行赔偿义务，蒋某再三催要未果。蒋某该如何维护自己的合法权益？

法律分析

行政调解，是指在行政机关主持下对民事争议所进行的调解，其与行政诉讼案件的调解完全不同。行政调解是指以民事争议为客体的诉外调解，行政诉讼案件的调解则是在行政相对人针对行政机关提起的行政诉讼中，由法院主持、就行政机关与行政相对人之间的行政争议进行的司法调解。行政调解具有以下特征：第一，就行政调解的范围而言，行政主管机关对自己主管事项范围内发生的民事纠纷一般都有调解权，只要双方当事人同意，行政机关即可启动调解程序；第二，行政调解并非强制性的，民事纠纷发生后，当事人既可以选择调解，也可以直接向人民法院起诉；第三，就行政调解的效力而言，行政调解协议是当事人意思自治的结果，具有相当于民事合同的效力，在一方不履行或拒绝履行时，另一方不能直接申请强制执行，但有权向人民法院提起民事诉讼。

本案中，在公安机关交通管理部门的调解下孔某与蒋某达成调解协议，遵循了《中华人民共和国道路交通安全法》中关于调解的相关规定。由于行政调解协议不可被直接申请强制执行，在孔某拒不履行赔偿义务的情况下，蒋某可以向法院提起民事诉讼。

知识链接

《中华人民共和国道路交通安全法》第七十四条 对交通事故损害赔偿的争议，当事人可以请求公安机关交通管理部门调解，也可以直接向人民法院提起民事诉讼。

经公安机关交通管理部门调解，当事人未达成协议或者调解书生效后不履行的，当事人可以向人民法院提起民事诉讼。

笔记区

《医疗纠纷预防和处理条例》第四十条 医患双方申请医疗纠纷行政调解的,应当参照本条例第三十一条第一款、第二款的规定向医疗纠纷发生地县级人民政府卫生主管部门提出申请。

卫生主管部门应当自收到申请之日起 5 个工作日内作出是否受理的决定。当事人已经向人民法院提起诉讼并且已被受理,或者已经申请医疗纠纷人民调解委员会调解并且已被受理的,卫生主管部门不予受理;已经受理的,终止调解。

卫生主管部门应当自受理之日起 30 个工作日内完成调解。需要鉴定的,鉴定时间不计入调解期限。超过调解期限未达成调解协议的,视为调解不成。

纠纷解决技巧

行政调解,是我国多元化纠纷解决机制的重要组成部分。目前,我国法院系统“案多人少”的矛盾突出。行政机关对其主管事项更为熟悉,在纠纷解决中具有一定优势,既可以为法院分担部分压力,又可以更快地处理当事人之间的矛盾。但是,行政调解并非当事人去法院起诉的前置程序,行政调解协议也不具有执行力,在当事人不愿调解、调解不成或不履行调解协议时,其均有权选择诉讼途径解决纠纷。

试题

笔记区

关于行政调解的特点，说法错误的一项是（　　）。①

A. 行政调解协议是在公权力的介入下达成的，可被直接申请强制执行

B. 目前我国尚无关于行政调解的统一规定

C. 一方当事人不履行行政调解协议时，另一方当事人有权向法院提起诉讼

D. 行政调解不具有强制性，并非当事人向法院起诉的前置程序

---

① 答案：A。

笔记区

7. 什么是司法调解？司法调解有什么效力？

案例

2018年4月，隋某与赵某签订《土地转包合同》，约定将自己的2亩耕地承包给赵某培育苗木，租赁期限6年，年租金1000元/亩。合同签订后，双方均依约定履行义务。2021年12月，隋某欲将前述土地另作他用，于是向赵某提出解除合同。赵某同意隋某解除合同的请求。但是，二人就耕地恢复的问题无法达成共识，经调解未果，隋某将赵某诉至人民法院。立案后，法院组织赵某与隋某进行调解，赵某恢复了耕地，纠纷得到妥善解决。

法律分析

司法调解，也称诉讼调解、法院调解，是指在民事诉讼活动中，双方当事人在法院审判人员的主持和协调下，就民事争议自愿协商，达成协议，从而解决纠纷的活动。除依案件性质不能进行调解的民事案件，人民法院可对其他民事案件，根据当事人自愿的原则，在事实清楚的基础上进行调解。调解协议达成后，人民法院应当制作调解书，调解书应当写明诉讼请求、案件的事实和调解结果，经审判人员、书记员署名，加盖人民法院印章后，送达双方当事

笔记区

人。调解书一经双方当事人签收，即具法律效力。对于调解和好的离婚案件、调解维持收养关系的案件、能够即时履行的案件及其他无须制作调解书的案件，法院可以不制作调解书，但应当将调解协议记入笔录，由双方当事人、审判人员、书记员签名或者盖章后，即具有法律效力。在一方当事人拒不履行司法调解中所确定的义务时，另一方当事人可依调解书或记入笔录的调解协议申请强制执行。

知识链接

《中华人民共和国民事诉讼法》

第九十六条 人民法院审理民事案件，根据当事人自愿的原则，在事实清楚的基础上，分清是非，进行调解。

第一百条 调解达成协议，人民法院应当制作调解书。调解书应当写明诉讼请求、案件的事实和调解结果。

调解书由审判人员、书记员署名，加盖人民法院印章，送达双方当事人。

调解书经双方当事人签收后，即具有法律效力。

第一百零二条 调解未达成协议或者调解书送达前一方反悔的，人民法院应当及时判决。

最高人民法院《关于适用〈中华人民共和国民事诉讼法〉的解释》

第一百四十二条 人民法院受理案件后，经审查，认

笔记区

为法律关系明确、事实清楚，在征得当事人双方同意后，可以径行调解。

第一百四十三条 适用特别程序、督促程序、公示催告程序的案件，婚姻等身份关系确认案件以及其他根据案件性质不能进行调解的案件，不得调解。

最高人民法院《关于人民法院民事调解工作若干问题的规定》第十条 调解协议具有下列情形之一的，人民法院不予确认：

（一）侵害国家利益、社会公共利益的；

（二）侵害案外人利益的；

（三）违背当事人真实意思的；

（四）违反法律、行政法规禁止性规定的。

纠纷解决技巧

司法调解与诉讼和解均发生在诉讼过程中，均是双方当事人达成合意、化解纠纷的方式，但却是两个不同的概念。在法律效果上，司法调解所形成的调解书或记入调解笔录的调解协议具有法律拘束力，在一方当事人拒不履行时，另一方当事人可申请强制执行；而诉讼和解所形成的和解协议并不具有法律约束力。如果法院根据当事人的申请依法确认和解协议并制作调解书，那么，以和解协议为内容的调解书可以作为当事人申请强制执行的依据。

在实践中，需注意区分司法调解和诉讼和解，以确保当事人的权利得到公权力的强力支持。

试题

下列关于司法调解的说法，正确的一项是（　　）。[①]

A. 所有的民事案件都可以进行司法调解

B. 法院可以强制当事人参与司法调解

C. 一方当事人拒不履行调解书所确定的义务时，另一方当事人可直接申请强制执行

D. 诉讼和解与司法调解没有本质上的差异

---

① 答案：C。

笔记区

8. 什么是民事诉讼？提起民事诉讼需要符合什么条件？

案例

陈某住A县B村，因长期在家务农，患有腰肌劳损。欲请村里赤脚医生张某采用针灸、推拿等方法帮助自己缓解腰痛。张某表示，针灸、推拿等方法治标不治本，并声称他最近研制了一种“神药”（后查明，此药实际为生理盐水，市场价5元），用此药一瓶，药到病除。张某的医术在十里八乡颇负盛名，陈某相信了张某，花费288元购买此药。一瓶用毕，陈某的腰痛却并未好转。陈某找张某理论，张某却闭门不见。村里放假回来的大学生戴某建议陈某去法院提起民事诉讼。可是，陈某不知道什么是民事诉讼，也不知道去法院提起民事诉讼需要符合什么条件。

法律分析

民事诉讼，是指人民法院根据当事人的请求，保护当事人的正当权利和合法权益的审判程序制度，是解决民事纠纷的一种途径。民事纠纷，即民事争议，是指平等主体（公民、法人或其他组织）之间因财产关系、人身关系而产生的权利义务争议。根据《中华人民共和国民事诉讼法》的相关规定，提起民

笔记区

事诉讼需要满足以下四个条件：第一，原告是与本案有直接利害关系的公民、法人和其他组织；第二，有明确的被告；第三，有具体的诉讼请求和事实、理由；第四，属于人民法院受理民事诉讼的范围和受诉人民法院管辖。在本案中，陈某与张某之间的纠纷是公民之间的财产纠纷，属于民事纠纷，可以采取民事诉讼的方式解决。第一，陈某遭到张某的欺骗，花费288元购买了实际价格5元且无任何疗效的生理盐水，蒙受了财产损失，是与本案有直接利害关系的公民；第二，陈某以张某为被告，即有明确的被告；第三，基于张某欺骗陈某的事实，陈某要求张某退还其此前支付的288元，即有明确的诉讼请求和事实、理由；第四，基层人民法院管辖第一审民事案件，且被告张某的住所地为A县，故A县人民法院对本案有管辖权。因此，陈某可以向A县人民法院提起民事诉讼，维护自身合法权益。

知识链接

《中华人民共和国民事诉讼法》第一百二十二条 起诉必须符合下列条件：

（一）原告是与本案有直接利害关系的公民、法人和其他组织；

（二）有明确的被告；

（三）有具体的诉讼请求和事实、理由；

（四）属于人民法院受理民事诉讼的范围和受诉人民

笔记区

法院管辖。

纠纷解决技巧

解决民事纠纷有多种途径,包括和解、调解、民事诉讼等,各种途径各有利弊,应结合具体情形选择恰当的纠纷解决方法。就民事诉讼而言,其虽有国家公权力作为后盾,但与和解、调解等方式相比,耗时相对较长,且当事人需要往返法院,提交材料,缴纳一定的诉讼费等,便利性、经济性有所不足,因此在纠纷发生时,可优先建议双方当事人自行和解,或由中立第三方介入调解。但是,若纠纷双方不愿和解、调解,或和解、调解没有成功,建议当事人及时向法院提起民事诉讼,以维护自身的合法权益。

试题

以下哪一项不属于提起民事诉讼的条件?(　　)[1]

A. 原告是与本案有直接利害关系的公民、法人和其他组织

B. 有明确的原告

C. 有具体的诉讼请求和事实、理由

D. 属于人民法院受理民事诉讼的范围和受诉人民法院管辖

---

① 答案:B。

笔记区

▶ 9. 什么是人民法庭？人民法庭和人民法院有什么区别？

案例

2019年，赵某欲种植西番莲，向同村的陶某赊购水泥桩。二人约定，待2020年西番莲果实销售后，赵某再向陶某付清购买水泥桩的价款。一年后，赵某未依约履行价款支付义务，陶某与赵某协商无果，将赵某诉至永平镇人民法庭。然而，此时恰逢春耕农忙，陶某与赵某无法同往法庭。了解相关情况后，永平镇人民法庭的承办法官决定采取流动法庭巡回办案的方式，前往田间地头，开展诉前调解，以化解纠纷。经调解，双方达成调解协议，陶某同意降低水泥桩价款，赵某则当场一次性支付了全部价款。

法律分析

我国的人民法院可分为最高人民法院、地方各级人民法院与专门人民法院。其中，地方各级人民法院又可分为高级人民法院、中级人民法院与基层人民法院。县、自治县人民法院、不设区的市人民法院与市辖区人民法院等基层人民法院，根据地区、人口和案件情况，可以设立若干人民法庭。人民法庭是基层人民法院的派出机构和组成部

笔记区

分，在基层人民法院的领导下工作，其判决和裁定即基层人民法院的判决和裁定。人民法庭的任务包括：审理民事案件和刑事自诉案件，有条件的地方，可以审理经济案件；办理本庭审理案件的执行事项；指导人民调解委员会的工作；办理基层人民法院交办的其他事项。人民法庭与人民法院最主要的区别，即人民法院是我国的审判机关，而人民法庭只是基层人民法院根据实际需要所设立的派出机构，不受行政区划的限制，并非一级独立的审判组织。

知识链接

《中华人民共和国人民法院组织法》第二十六条 基层人民法院根据地区、人口和案件情况，可以设立若干人民法庭。

人民法庭是基层人民法院的组成部分。人民法庭的判决和裁定即基层人民法院的判决和裁定。

最高人民法院《关于人民法庭若干问题的规定》

第二条 为便利当事人进行诉讼和人民法院审判案件，基层人民法院根据需要，可设立人民法庭。

第三条 人民法庭根据地区大小、人口多少、案件数量和经济发展状况等情况设置，不受行政区划的限制。

第六条 人民法庭的任务：

（一）审理民事案件和刑事自诉案件，有条件的地方，可以审理经济案件；

笔记区

(二)办理本庭审理案件的执行事项；

(三)指导人民调解委员会的工作；

(四)办理基层人民法院交办的其他事项。

纠纷解决技巧

人民法庭是我国司法的神经末梢，人民法庭的设置使我国司法得以深入至基层的“最后一公里”。人民法庭虽不是一级独立的审判组织，但是其判决和裁定即是基层人民法院的判决和裁定，与之具有同等法律效力。就纠纷解决而言，人民法庭分散于基层法院辖区内，可流动巡回办案，十分灵活。在当事人不便前往基层法院时，建议当事人选择最近的人民法庭解决纠纷，及时维护自身的合法权益。

试题

以下哪一项属于人民法庭的特点？(　　)①

A. 人民法庭的设置受行政区划的严格限制

B. 人民法庭是与基层人民法院同级的审判组织

C. 人民法庭是基层人民法院的派出机构

D. 人民法庭作出的裁判不具有法律约束力

---

① 答案：C。

笔记区

▶ 10. 什么是人民检察院？人民检察院和人民法院有什么区别？

案例

周某以住所地为A市甲县的兴旺公司为被告起诉至甲县人民法院，请求人民法院依双方签订的借款合同判令兴旺公司偿还借款本金、利息与逾期违约金，共计78.9万元。甲县人民法院作出判决，判令兴旺公司偿还周某借款本金与利息，并支付逾期利息及违约金，共计78.9万元。判决作出后，双方当事人均未提出上诉，判决生效。后周某与兴旺公司产生矛盾，兴旺公司实际控制人申某向甲县人民检察院举报该案系虚假诉讼。了解案情后，A市人民检察院决定受理。经调查，周某与兴旺公司的实际控制人申某为达到非法目的恶意串通，伪造证据，虚构民间借贷法律关系，向法院提起诉讼，骗取法院作出错误的民事判决。经甲县人民检察院提请，A市人民检察院向A市中级人民法院提出抗诉，认为该案系虚假诉讼，损害了国家司法利益和社会公序良俗，依法应予撤销。A市中级人民法院指令甲县人民法院再审。甲县人民法院采纳了检察机关的抗诉意见，认定本案系虚假诉讼，撤销原审判决。

法律分析

笔记区

人民检察院是我国的法律监督机关，其任务是通过行使检察权，追诉犯罪，维护国家安全和社会秩序，维护个人和组织的合法权益，维护国家利益和社会公共利益，保障法律正确实施，维护社会公平正义，维护国家法治统一、尊严和权威，保障中国特色社会主义建设的顺利进行。根据我国相关法律的规定，人民检察院行使下列职权：依照法律规定对有关刑事案件行使侦查权；对刑事案件进行审查，批准或者决定是否逮捕犯罪嫌疑人；对刑事案件进行审查，决定是否提起公诉，对决定提起公诉的案件支持公诉；依照法律规定提起公益诉讼；对诉讼活动实行法律监督；对判决、裁定等生效法律文书的执行工作实行法律监督；对监狱、看守所的执法活动实行法律监督；法律规定的其他职权。

人民法院是我国的审判机关，依法行使审判权。具体而言：在民事诉讼中，人民法院是人民检察院的监督对象，人民检察院作为国家利益、社会公共利益的代表，对于具有法定情形的人民法院生效判决、裁定、调解书有权提起抗诉，也可以向法院提出检察建议，且检察院的抗诉不受法院审查，直接产生启动民事再审的效力；在刑事诉讼中，人民检察院不仅扮演法院诉讼活动监督者的角色，还作为

笔记区

国家唯一的公诉机关，对自诉案件以外的所有刑事案件以原告身份向人民法院提起公诉。

在本案中，甲县人民法院认定事实的主要证据为周某提交的借款合同，而该借款合同系周某与申某伪造。根据《中华人民共和国民事诉讼法》的规定，在原判决、裁定认定事实的主要证据是伪造的情况下，人民检察院应当依法履行法律监督职责，提起抗诉。A市人民检察院依法抗诉，捍卫了法律的尊严。

知识链接

《中华人民共和国宪法》

第一百二十八条 中华人民共和国人民法院是国家的审判机关。

第一百三十四条 中华人民共和国人民检察院是国家的法律监督机关。

《中华人民共和国人民法院组织法》第二条 人民法院是国家的审判机关。

人民法院通过审判刑事案件、民事案件、行政案件以及法律规定的其他案件，惩罚犯罪，保障无罪的人不受刑事追究，解决民事、行政纠纷，保护个人和组织的合法权益，监督行政机关依法行使职权，维护国家安全和社会秩序，维护社会公平正义，维护国家法制统一、尊严和权威，保障中国特色社会主义建设的顺利进行。

笔记区

纠纷解决技巧

实践中，要弄清人民检察院与人民法院的区别，不能简单地认为二者都是司法机关，都可以受理当事人的纠纷。检察院与法院各有分工。在民事纠纷发生伊始，当事人若想寻求公权力救济，应到人民法院立案；在判决或裁定生效后，若人民法院驳回当事人再审申请，逾期未对再审申请作出裁定，或再审判决、裁定有明显错误，当事人可向人民检察院申请检察建议或者抗诉。

试题

下列不属于人民检察院职权范围的是(　　)。[1]

A. 行使审判权

B. 对部分案件行使侦查权

C. 向人民法院提出检察建议或抗诉

D. 在刑事案件中代表国家提起公诉

---

① 答案：A。

笔记区

▶ 11. 什么是法律援助？怎样获得法律援助？

案例

王某在华兴公司从事环卫工作，劳动合同期限为2020年11月1日至2023年3月31日，其间华兴公司没有为其缴纳社保。2022年1月9日，王某因交通事故导致工伤。华兴公司与王某协商，承诺公司将在不解除劳动合同的前提下赔偿王某5.6万元，并与王某签订了《工伤赔偿协议》。事后，华兴公司未信守承诺，解除了与王某的劳动关系，仅支付了4.2万元赔偿金。王某前往华兴公司欲就此事进行协商，却被保安拦在门外。王某欲到法院提起诉讼，又担心自己不懂法律，赢不了官司。王某也咨询了律师，但律师费用太高，自己无力支付。律师告诉王某，可以向法律援助机构申请法律援助，但王某不知道什么是法律援助，也不知道该怎样获得法律援助。

法律分析

法律援助，是国家建立的为经济困难的公民和符合法定条件的其他当事人无偿提供法律咨询、代理、刑事辩护等法律服务的制度，是公共法律服务体系的组成部分。法律援助机构可以为当事人提供的法律援助服务包括：法律咨询，代拟法律文书，刑事辩护与代理，民事案件、行政案件、国家赔偿案件的诉讼代理及非诉讼代理，值班律师法律帮助，劳动争议调解与仲裁代理等。当事人可以自行申请获得法律援助，也可以在特定情形下，由公检法等部门通知法律援助机构指派律师提供法律援助。

当事人可自行申请法律援助的情形包括：刑事案件中，犯罪嫌疑人、被告人因经济困难或者其他原因没有委托辩护人的，本人及其近亲属可以向法律援助机构申请法律援助；刑事公诉案件的被害人及其法定代理人或者近亲属、刑事自诉案件的自诉人及其法定代理人、刑事附带民事诉讼案件的原告人及其法定代理人，因经济困难没有委托诉讼代理人的，可以向法律援助机构申请法律援助；当事人不服司法机关的生效裁判或决定提出申诉或者申请再审，人民法院决定、裁定再审或者人民检察院提出抗诉，因经济困难没有委托辩护人或者诉讼代理人的，本人及其近亲属可以向法律援助机构申请法律援助；在依法请求国家赔偿，请求给予社会保险待遇或者社会救助，请求发放抚恤金，请求给付赡养费、抚养费、扶养费，请求确认劳动关系或者支付劳动报酬，请求认定公民无民事行为能力或者限制民事行为能力，请求工伤事故、交通事故、食品药品安全事故、医疗事故人身损害赔偿，请求环境污染、生态破坏损害赔偿等法定情形下，当事人因经济困难没有委托代

笔记区

理人的，可以向法律援助机构申请法律援助；在英雄烈士近亲属为维护英雄烈士的人格权益，因见义勇为行为主张相关民事权益，再审改判无罪请求国家赔偿，遭受虐待、遗弃或者家庭暴力的受害人主张相关权益等情形下，当事人可自行申请法律援助，不受经济困难条件的限制。同时，根据相关法律的规定，当事人或近亲属申请法律援助的事项若属于诉讼事项，则应向办案机关所在地的法律援助机构提出；若属于非诉讼事项，则应向争议处理机关所在地或者事由发生地的法律援助机构提出。

在本案中，王某请求工伤事故人身损害赔偿，且王某因经济困难没有委托代理人，符合向法律援助机构申请法律援助的条件，可以向法律援助机构申请法律援助。在法律专业人士的帮助下，维护自身的合法权益。

知识链接

《中华人民共和国法律援助法》第二条 本法所称法律援助，是国家建立的为经济困难公民和符合法定条件的其他当事人无偿提供法律咨询、代理、刑事辩护等法律服务的制度，是公共法律服务体系的组成部分。

纠纷解决技巧

法律事务的处理具有一定的专业性，在专业人士的帮助下当事人能够更快捷、高效地解决法律纠纷。我国为保

笔记区

障公民和有关当事人的合法权益，建立了完备的法律援助制度，符合法定条件的当事人可以获得免费的法律服务。在实践中，一方面，要鼓励符合法定条件的当事人积极寻求法律援助，以合法方式维护自身权益；另一方面，也要看到法律援助资源的有限性，防止不符合条件的当事人骗取法律援助，造成资源的浪费。

试题

下列选项中，不符合法律援助申请条件的当事人是（　　）。[①]

A. 请求医疗事故人身损害赔偿的王某

B. 请求支付劳动报酬，但因经济困难，没有委托代理人的张某

C. 遭受虐待、遗弃或者家庭暴力，欲主张相关权益的李某

D. 没有委托辩护人的犯罪嫌疑人孙某

① 答案：A。

笔记区

▶ 12. 什么是律师？怎么找正规的律师？

案例

王某进城务工，工厂老板承诺，每月工资 4000 元，次月月初发放。但实际上，老板以“工厂资金周转困难”为由，每月只发给王某 2000 元工资，欠付的工资由老板向王某出具欠条，承诺年底收到货款后一并支付。年关将至，王某仍未收到工资。王某曾多次找老板讨薪，但老板都避而不见。王某来到法院门口欲提起民事诉讼时，遇到一名“律师”。该律师称，其与法院的法官都是老熟人，若王某委托其承办案件并给付 5000 元，其保证王某赢得官司。王某是否应该相信他？

法律分析

律师，是指依法取得律师执业证书，接受委托或者指定，为当事人提供法律服务的执业人员。

判断一位“律师”是否正规，首先，确定其是否在正规的律师事务所工作、拥有律师执业证书。其次，参考该律师的简介，在律所的职位、执业年限、过往案例等，其中，最重要的是该律师的执业领域。最后，在交流过程中，注意律师的分析是否透彻、思路是否清晰等，切不能相信暗示

笔记区

自己和法官有某种特殊关系、拍胸脯打包票的律师。本案中，王某在法院门口碰到的“律师”即属上述类型。王某应去正规律所寻求正规律师的法律服务，若无力支付律师费用，也可向法律援助机构申请法律援助。

知识链接

《中华人民共和国律师法》

第二十八条 律师可以从事下列业务：

（一）接受自然人、法人或者其他组织的委托，担任法律顾问；

（二）接受民事案件、行政案件当事人的委托，担任代理人，参加诉讼；

（三）接受刑事案件犯罪嫌疑人、被告人的委托或者依法接受法律援助机构的指派，担任辩护人，接受自诉案件自诉人、公诉案件被害人或者其近亲属的委托，担任代理人，参加诉讼；

（四）接受委托，代理各类诉讼案件的申诉；

（五）接受委托，参加调解、仲裁活动；

（六）接受委托，提供非诉讼法律服务；

（七）解答有关法律的询问、代写诉讼文书和有关法律事务的其他文书。

第四十条 律师在执业活动中不得有下列行为：

笔记区

（一）私自接受委托、收取费用，接受委托人的财物或者其他利益；

（二）利用提供法律服务的便利牟取当事人争议的权益；

（三）接受对方当事人的财物或者其他利益，与对方当事人或者第三人恶意串通，侵害委托人的权益；

（四）违反规定会见法官、检察官、仲裁员以及其他有关工作人员；

（五）向法官、检察官、仲裁员以及其他有关工作人员行贿，介绍贿赂或者指使、诱导当事人行贿，或者以其他不正当方式影响法官、检察官、仲裁员以及其他有关工作人员依法办理案件；

（六）故意提供虚假证据或者威胁、利诱他人提供虚假证据，妨碍对方当事人合法取得证据；

（七）煽动、教唆当事人采取扰乱公共秩序、危害公共安全等非法手段解决争议；

（八）扰乱法庭、仲裁庭秩序，干扰诉讼、仲裁活动的正常进行。

纠纷解决技巧

律师是专业的法律服务提供者。自行寻找律师时，一定要查看对方的律师执业证书，同时参考对方的执业领

笔记区

域、执业年限、过往案例等。另外，任何案件都有潜在的法律风险，律师保证打赢官司是违反职业道德的行为。同时，要相信国家的司法制度，不要相信某些非正规律师承诺“走关系”的说辞。对于一些弱势群体而言，运用法律援助制度选择律师也是不错的选择，一方面不会加重当事人的经济负担，另一方面当事人也可以获得专业的法律服务。

试题

王某遭遇欠薪，下列选项中哪一项是正规合法的律师行为？（　　）[①]

A. 要求王某向自己支付高额的“关系疏通费”

B. 暗示自己与法官有特殊关系，怂恿王某向法官行贿

C. 不问清案件具体细节，即称自己有特殊渠道，胜诉率百分之百

D. 持律师执业证书，在正规律所工作，细致地为王某分析法律风险、制定纠纷解决策略

---

① 答案：D。

笔记区

▶ 13. 除了律师，其他人能帮我打官司吗？

案例

晓霞计划开一家养殖场，但是资金不足，于是找到同村的张强借钱。二人订立借款合同，约定张强借给晓霞20万元，借期3年，年息6%。养殖场开业没多久，因疫情累月亏损。张强担心本金无法收回，于是要求晓霞立刻还钱。晓霞认为，借款合同约定的3年借期未满，张强无权要求自己还钱。因晓霞未同意还钱，张强带领一帮人前往养殖场，抢夺禽畜、农产品与其他财物。晓霞欲将张强告上法院，其能否委托在清华大学法学院读书的弟弟小毛帮其打官司？

法律分析

诉讼代理人，是指依据法律规定或当事人的委托，以当事人的名义，代理当事人进行民事诉讼的人。诉讼代理人分为法定诉讼代理人与委托诉讼代理人。

法定诉讼代理人，是指根据法律规定而取得代理权，代理无诉讼行为能力的当事人进行诉讼的人。诉讼行为能力，是指当事人自己进行诉讼的能力。具有诉讼行为能力，需要同时满足两个要件：第一，已成年，即年满18周

笔记区

岁，或16周岁以上不满18周岁但以自己的劳动收入作为主要生活来源；第二，精神健全，没有任何精神疾病。没有诉讼行为能力的人可以成为民事案件的当事人，但是必须由法定代理人代为进行诉讼。根据法律的规定，无诉讼行为能力人的监护人是其法定代理人。

委托诉讼代理人，是指根据当事人、法定代表人等的委托而代理当事人进行诉讼的人。实践中，有的当事人虽有诉讼行为能力，但因缺乏法律知识而希望获得他人的法律帮助，或由于某些原因不能自己诉讼而请他人代劳，即可以委托诉讼代理人。根据法律的规定，委托诉讼代理人除律师之外，还包括基层法律服务工作者，自己的近亲属或工作人员，及所在社区、单位或者有关社会团体推荐的人。

在本案中，晓霞自身具有诉讼行为能力，但因为缺乏法律知识而希望获得他人的法律帮助。小毛是晓霞的弟弟，属于法律规定的近亲属，因此，晓霞可以委托小毛为自己的诉讼代理人参与诉讼。

知识链接

《中华人民共和国民事诉讼法》第六十一条 当事人、法定代理人可以委托一至二人作为诉讼代理人。

下列人员可以被委托为诉讼代理人：

笔记区

（一）律师、基层法律服务工作者；

（二）当事人的近亲属或者工作人员；

（三）当事人所在社区、单位以及有关社会团体推荐的公民。

最高人民法院《关于适用〈中华人民共和国民事诉讼法〉的解释》

第八十五条 根据民事诉讼法第六十一条第二款第二项规定，与当事人有夫妻、直系血亲、三代以内旁系血亲、近姻亲关系以及其他有抚养、赡养关系的亲属，可以当事人近亲属的名义作为诉讼代理人。

第八十六条 根据民事诉讼法第六十一条第二款第二项规定，与当事人有合法劳动人事关系的职工，可以当事人工作人员的名义作为诉讼代理人。

纠纷解决技巧

诉讼代理是民事诉讼的一项重要制度，诉讼代理制度的设置，既可以补足无诉讼行为能力人的能力，又可以扩张有诉讼行为能力人的能力，从而充分保护当事人的诉讼利益。为更好地维护当事人的合法利益，在实践中，需要向当事人说明各类代理人的代理权限。法定代理人的权限无范围限制，法定代理人完全可以按照自己的意志代理被代理人实施所有诉讼行为。委托代理人的权限有一般

笔记区

授权与特别授权之分,一般授权不涉及实体权利的处分,在授权委托书未特别列明的情形下,均视为一般授权;特殊授权则关涉对当事人实体权利有重大影响的事项,当事人在赋予委托代理人以特别授权时须慎之又慎。

试题

朱某欲到法院起诉,下列各选项中不能担任诉讼代理人的是(　　)。[①]

A. 某律师事务所的律师小肖

B. 朱某的母亲张某

C. 朱某的邻居老王

D. 基层法律服务工作者小姜

① 答案:C。

笔记区

▶ 14. 什么是劳动仲裁？劳动仲裁有什么好处？

案例

郁某是具备一定劳动能力的残疾人。2019 年年底，在政府部门的安排下，郁某来到某加工厂从事保安工作，约定每月薪资 2000 元。但从 2021 年 2 月起，加工厂以郁某是残疾人，不能完全胜任工作为由，按照每月 1000 元的标准发放工资，降低其薪资。郁某认为，自己虽然是残疾人，但是具备该保安工作所要求的劳动能力，自己在工作中一直兢兢业业，从未出过差错，加工厂不能仅以其是残疾人为由就少发工钱。郁某来到人民法院，欲起诉加工厂，但是人民法院的工作人员告诉他，上述争议属于劳动争议，应先提起劳动仲裁。郁某从未听说过劳动仲裁，也不理解法院为什么不接他的案子。

法律分析

劳动仲裁，是由劳动行政部门代表、工会代表和企业代表组成的仲裁机构，根据法律规定对劳动者与用人单位之间的劳动争议进行裁决的诉外纠纷解决途径。根据相关法律的规定，劳动争议发生在用人单位与劳动者之间，包括：因确认劳动关系发生的争议，因订立、履行、变更、解

笔记区

除和终止劳动合同发生的争议，因除名、辞退和辞职、离职发生的争议，因工作时间、休息休假、社会保险、福利、培训以及劳动保护发生的争议，因劳动报酬、工伤医疗费、经济补偿或者赔偿金等发生的争议，法律、法规规定的其他劳动争议。

按照我国法律的规定，劳动争议的当事人在向人民法院起诉之前，必须先提起劳动仲裁。因为，在劳动仲裁中，有许多注重保障劳动者一方当事人的程序制度规范，如在举证责任、调解协议和仲裁裁决的执行与救济途径等方面都体现了这种偏向，同时也对用人单位一方当事人的程序权利进行了相应的限制。另外，劳动仲裁也不收取费用，不会增加当事人的经济负担。综合来看，劳动仲裁的设置更有利于保障实现劳动者的合法权益。

知识链接

《中华人民共和国劳动法》第七十九条 劳动争议发生后，当事人可以向本单位劳动争议调解委员会申请调解；调解不成，当事人一方要求仲裁的，可以向劳动争议仲裁委员会申请仲裁。当事人一方也可以直接向劳动争议仲裁委员会申请仲裁。对仲裁裁决不服的，可以向人民法院提起诉讼。

《中华人民共和国劳动争议调解仲裁法》第五条 发

笔记区

生劳动争议,当事人不愿协商、协商不成或者达成和解协议后不履行的,可以向调解组织申请调解;不愿调解、调解不成或者达成调解协议后不履行的,可以向劳动争议仲裁委员会申请仲裁;对仲裁裁决不服的,除本法另有规定的外,可以向人民法院提起诉讼。

纠纷解决技巧

虽然法律规定了劳动争议仲裁前置,但并未规定调解或和解前置。在实践中,若当事人不愿和解、调解,可直接向劳动争议仲裁委员会申请仲裁。同时,劳动仲裁也并未剥夺劳动者向法院起诉的权利,劳动者在劳动仲裁裁决作出后,若对裁决不服,可在收到仲裁裁决书之日起 15 日内向人民法院起诉。

试题

下列关于劳动争议的纠纷解决途径,说法正确的是(　　)。[①]

A. 劳动争议必须先行调解

B. 劳动争议仲裁前置

C. 劳动争议的当事人可直接去法院起诉

D. 劳动仲裁前置程序阻碍了劳动者权利的实现

---

① 答案:B。

笔记区

15. 什么是公证？公证需要花钱吗？

案例

肖某原配妻子因病去世，肖某再婚。再婚后，肖某有亲生子女3人，继子女2人。肖某再婚前有单独所有的房产一套。为避免日后亲生子女与再婚妻子、继子女为遗产产生纠纷，肖某找邻居家在法学院读书的大学生小戴帮忙拟一份遗嘱。在小戴的帮助下，肖某写好了遗嘱。但肖某担心，如果自己过世后，家里人不承认遗嘱怎么办？小戴建议肖某去公证处办理公证，但肖某不知道公证是什么？公证需要花钱吗？

法律分析

公证是公证机构根据自然人、法人或者其他组织的申请，依照法定程序对民事法律行为、有法律意义的事实和文书的真实性、合法性予以证明的活动。

根据我国相关法律规定，经公证的民事法律行为、有法律意义的事实和文书，应当作为认定事实的根据，但有相反证据足以推翻该项公证的除外；而对经公证的以给付为内容并载明债务人愿意接受强制执行承诺的债权文书，债务人不履行或者履行不适当的，债权人可依法直接向有

笔记区

管辖权的人民法院申请执行。

在本案中,小戴建议肖某办理的是遗嘱公证,公证遗嘱是《中华人民共和国民法典》所规定的六种法定遗嘱形式之一。相比于其他遗嘱形式,公证遗嘱的显著优势体现在,公证员严格按照公证程序,可以保证遗嘱体现遗嘱人的真实想法,经公证的遗嘱极少被推翻或者不采纳,司法实践中对公证遗嘱的认可率也较高。同时,我国已有多个地区出台相关政策,对于首次办理遗嘱公证的高龄老人不收取任何费用。

知识链接

《中华人民共和国公证法》

第二条 公证是公证机构根据自然人、法人或者其他组织的申请,依照法定程序对民事法律行为、有法律意义的事实和文书的真实性、合法性予以证明的活动。

第十一条 根据自然人、法人或者其他组织的申请,公证机构办理下列公证事项:

(一)合同;

(二)继承;

(三)委托、声明、赠与、遗嘱;

(四)财产分割;

(五)招标投标、拍卖;

笔记区

（六）婚姻状况、亲属关系、收养关系；

（七）出生、生存、死亡、身份、经历、学历、学位、职务、职称、有无违法犯罪记录；

（八）公司章程；

（九）保全证据；

（十）文书上的签名、印鉴、日期，文书的副本、影印本与原本相符；

（十一）自然人、法人或者其他组织自愿申请办理的其他公证事项。

法律、行政法规规定应当公证的事项，有关自然人、法人或者其他组织应当向公证机构申请办理公证。

第三十四条 当事人应当按照规定支付公证费。

对符合法律援助条件的当事人，公证机构应当按照规定减免公证费。

第三十六条 经公证的民事法律行为、有法律意义的事实和文书，应当作为认定事实的根据，但有相反证据足以推翻该项公证的除外。

第三十七条 对经公证的以给付为内容并载明债务人愿意接受强制执行承诺的债权文书，债务人不履行或者履行不适当的，债权人可以依法向有管辖权的人民法院申请执行。

前款规定的债权文书确有错误的，人民法院裁定不予执行，并将裁定书送达双方当事人和公证机构。

笔记区

纠纷解决技巧

实践中，当事人若想办理公证，可以向住所地、经常居住地、行为地或者事实发生地的公证机构提出；申请办理涉及不动产的公证，则应当向不动产所在地的公证机构提出。同时，当事人若因故不能前往办理公证，也可以委托他人办理，但遗嘱、生存、收养关系等公证应当由本人办理。

此外，还需注意，经公证的事项并不具有不可挑战的法律效力，如在民事诉讼中，若能有相反证据足以推翻公证，那么该项公证则不能成为认定事实的依据。另外，若当事人、公证事项的利害关系人对公证书的内容有争议，也可以就该争议向人民法院提起民事诉讼。

试题

下列关于公证的说法，正确的一项是(　　)。[1]

A. 公证机构不以营利为目的，因此公证是免费的

B. 文书一经公证，即不可推翻

C. 公证的收费标准是全国统一的

D. 民事诉讼中，若有相反证据足以推翻公证，那么该项公证不能成为定案依据

---

① 答案：D。

笔记区

▶ 16. 什么是刑事报案？去哪里报案？

案例

某日，某七旬夫妇家中来了两名40多岁的妇女，自称是县医院的医护人员，为村民查体并办理慢性病优待证。两名妇女出示了印有县医院字样的证件，为老人测量血压。此后，两名妇女详细询问了两位老人的身体状况后，认为两位老人患有多项慢性病，需要进行长期治疗；两位老人分别交纳3000元可以办理全年的慢性病优待证，分别交纳1500元可以办理半年的慢性病优待证，凭证可以享受每月在县医院免费查体，并可每月领取300元药品补助。两位老人听过介绍后，各自交纳1500元，办理了半年的慢性病优待证。两名妇女走后，两位老人觉得心里不踏实，于是拨打了留下的座机号码，竟是空号。两位老人来到村委会寻求帮助，村委会干部认为两位老人遭到诈骗，应当向警方报案。

法律分析

刑事案件，是指犯罪嫌疑人或者被告人被控涉嫌侵犯了刑法所保护的社会关系，国家为了追究犯罪嫌疑人或者被告人的刑事责任而进行立案侦查、审判并给予刑事制裁

笔记区

的案件。报案,是指机关、团体、企事业单位和公民(包括被害人)将发现的犯罪事实或者犯罪嫌疑人向司法机关报告的行为。

在刑事案件中,最常见的是以虚构理财、补贴等事实蓄意骗取他人财物的各类诈骗。在本案中,两名妇女虚构医护人员身份和所谓"慢性病优待证",欺骗两位老人可免费查体和领取药品补助,骗取3000元,且可能连续诈骗多人,涉嫌刑事案件,应当向警方报案。具体而言,最便捷的报案方式是拨打"110"公安报警电话,也可以直接向辖区派出所报案。派出所一般以街道、镇等行政区域设定管辖区域。同时,受害人还可以向公安机关或者检察机关投递信件、在公安机关或者检察机关的官方网站上报案。此外,受害人也可以向人民检察院或人民法院报案或控告,相应机关均应受理,并根据具体的管辖规定,协助当事人移送相关材料至相应主管机关。

知识链接

《中华人民共和国刑事诉讼法》

第一百一十条 任何单位和个人发现有犯罪事实或者犯罪嫌疑人,有权利也有义务向公安机关、人民检察院或者人民法院报案或者举报。

被害人对侵犯其人身、财产权利的犯罪事实或者犯罪嫌疑人，有权向公安机关、人民检察院或者人民法院报案或者控告。

公安机关、人民检察院或者人民法院对于报案、控告、举报，都应当接受。对于不属于自己管辖的，应当移送主管机关处理，并且通知报案人、控告人、举报人；对于不属于自己管辖而又必须采取紧急措施的，应当先采取紧急措施，然后移送主管机关。

犯罪人向公安机关、人民检察院或者人民法院自首的，适用第三款规定。

第一百一十二条 人民法院、人民检察院或者公安机关对于报案、控告、举报和自首的材料，应当按照管辖范围，迅速进行审查，认为有犯罪事实需要追究刑事责任的时候，应当立案；认为没有犯罪事实，或者犯罪事实显著轻微，不需要追究刑事责任的时候，不予立案，并且将不立案的原因通知控告人。控告人如果不服，可以申请复议。

纠纷解决技巧

民众在社会生活中不仅可能遭遇民事纠纷，还可能遭遇刑事侵害。对于邻里间、交易上的民事纠纷，当事人可以寻求和解、调解或向法院提起民事诉讼。刑事案件社会危害性大，应当及时向警方报案，并尽快向警方提供线索，由警方立案侦查，从而避免损失扩大并追回损失。

笔记区

目前，特别是针对老人等弱势群体的诈骗案件高发，此类非暴力犯罪案件的犯罪嫌疑人行事隐蔽且损失难以追回，需要尽快识别骗局，避免损失扩大。对此，有必要了解相关常见的骗局情形，如虚构理财、虚构补贴款，冒充公检法机关、冒充淘宝客服等，从而准确识别骗局，尽快报案或协助受害人报案。

试题

李某近日接到一个陌生电话，电话中表示李某在×淘宝店随机抽奖活动中中奖，获得价值 9000 元的品牌手机一部，但须先交纳税款 1000 元，并提供了一个网址，点开后显示×税务局缴费界面。李某想交纳税款后领取奖品，但其妻子不太确定，于是询问应该怎么办？（　　）①

A. 此网站应是官方网站，可以照做

B. 先等待观察一下，或许为真

C. 此为刑事诈骗，应当到派出所报案或拨打“110”公安报警电话

D. 直接去法院起诉

① 答案：C。

笔记区

▶ 17. 什么是商事仲裁? 什么情况下能提起商事仲裁?

案例

老张在镇里办了一间养猪场。经过考察,老张决定与甲屠宰场开展长期合作。双方商谈签订生猪供应合同时,甲屠宰场提出,考虑商业私密性和效率追求,双方签订的生猪供应合同需要约定由A仲裁委员会进行仲裁。老张第一次听说商事仲裁。商事仲裁是什么? 提起商事仲裁有什么优势? 需要满足什么条件?

法律分析

仲裁,是指纠纷当事人在自愿基础上达成协议,将纠纷提交非司法机构的第三者审理,由第三者作出对争议各方均有约束力的裁决的一种解决纠纷的法定制度和方式。

仲裁与调解、诉讼相比,其特点如下:首先,仲裁以当事人自愿为原则,当事人可自愿决定是否采用仲裁方式解决争议;自愿决定选择哪个仲裁机构解决争议的事项等;当事人还有权在仲裁委员会提供的名册中自行选择仲裁员来处理争议。其次,仲裁具有私密性。《中华人民共和国仲裁法》第40条中规定:“仲裁不公开进行。”此举可以

笔记区

防止当事人不愿公开的专利、专有技术等泄露。仲裁方式保护了当事人的商业秘密。最后,仲裁具有效率性。仲裁采取一裁终局,即裁决一旦作出,就发生法律效力,当事人对仲裁裁决不服的,不可以就同一纠纷再向仲裁委员会申请复议或向法院起诉,仲裁也没有二审、再审等程序。

仲裁的条件包括两点:其一,争议的可仲裁性,指哪些纠纷可以进行仲裁。根据《中华人民共和国仲裁法》第2条的规定,发生纠纷的双方当事人必须是民事主体,仲裁的争议事项应当是当事人有权处分的,仲裁范围必须是合同纠纷和其他财产权益纠纷。涉及人身关系的争议以及行政争议不能仲裁。其二,有明确的仲裁协议。仲裁的前提是当事人的合意,双方必须自愿达成仲裁协议,且根据《中华人民共和国仲裁法》第16条的规定,仲裁协议需有明确的仲裁意思、仲裁事项和具体的仲裁委员会。

知识链接

《中华人民共和国仲裁法》

第二条 平等主体的公民、法人和其他组织之间发生的合同纠纷和其他财产权益纠纷,可以仲裁。

第三条 下列纠纷不能仲裁:

(一)婚姻、收养、监护、扶养、继承纠纷;

(二)依法应当由行政机关处理的行政争议。

笔记区

第四条 当事人采用仲裁方式解决纠纷,应当双方自愿,达成仲裁协议。没有仲裁协议,一方申请仲裁的,仲裁委员会不予受理。

纠纷解决技巧

商事仲裁主要针对商业行为重隐私、重效率、重专业性的特性。由于仲裁在收费方面比较高的特点,因此并非所有的纠纷都适合采用仲裁。一些诈骗手段,如虚构理财产品、字画收藏品委托拍卖等也会利用仲裁的高收费特点,使当事人在发觉损失时,迫于须交纳高额仲裁费而放弃维权。这也提醒我们,需要重视纠纷的解决方式,作出合理选择。

试题

下列纠纷可以进行商事仲裁的是(　　)。[①]

A. 老李不服县政府的征收决议

B. 老李弟弟的离婚纠纷

C. 老李的养鸡场与饲料厂的买卖合同纠纷

D. 老李不认可村委会的政策

① 答案:C。

笔记区

18. 什么是行政复议？什么情况下能提起行政复议？

案例

2002年，某乡甲村村民王某与甲村村委会签订了《承包水池养鱼合同》，承包甲村某处土地养鱼。2017年，该乡乙村村委会将王某承包用于养鱼的土地发包给张某用于建设林场。此后，王某与张某对此块土地的承包经营权发生争议，两人均认为依据与甲/乙村村委会的合同，合法享有该块土地的承包经营权。甲村与乙村就此块土地的归属也因此产生争议。商议无果，乙村向镇政府提出了土地权属争议处理申请，镇政府受理后，依据《H省土地权属争议处理办法》的规定，作出了土地权属争议处理决定，确认此块土地权属归乙村所有。甲村认为镇政府的决议错误理解了H省土地政策，想要寻求救济。经咨询，律师告知甲村可以就该行政确认决定向县政府申请行政复议。

法律分析

行政复议，是指行政相对人认为行政主体的具体行政行为侵犯其合法权益，依法向行政复议机关提出复查该具体行政行为的申请，行政复议机关依照法定程序对被申请的具体行政行为进行合法性、适当性审查，并作出行政复议决定的一种法律制度。

行政复议所要处理的是行政相对人与行政机关之间发生的行政争议。行政复议所要审查的主要对象是行政机关作出的具体行政行为，如行政许可、行政处罚、行政强制等，这些具体的行政行为，直接关系到公民、法人以及其他组织即行政相对人的权益。

在本案中，甲村不服镇政府对土地所有权作出的权属确认决定，属于《中华人民共和国行政复议法》第6条第4项规定的“对行政机关作出的关于确认土地、矿藏、水流、森林、山岭、草原、荒地、滩涂、海域等自然资源的所有权或者使用权的决定不服的”情形，可以依法向上级行政机关（县政府）申请行政复议。

知识链接

《中华人民共和国行政复议法》

第六条 有下列情形之一的，公民、法人或者其他组织可以依照本法申请行政复议：

（一）对行政机关作出的警告、罚款、没收违法所得、没收非法财物、责令停产停业、暂扣或者吊销许可证、暂扣或者吊销执照、行政拘留等行政处罚决定不服的；

（二）对行政机关作出的限制人身自由或者查封、扣

笔记区

押、冻结财产等行政强制措施决定不服的；

（三）对行政机关作出的有关许可证、执照、资质证、资格证等证书变更、中止、撤销的决定不服的；

（四）对行政机关作出的关于确认土地、矿藏、水流、森林、山岭、草原、荒地、滩涂、海域等自然资源的所有权或者使用权的决定不服的；

（五）认为行政机关侵犯合法的经营自主权的；

（六）认为行政机关变更或者废止农业承包合同，侵犯其合法权益的；

（七）认为行政机关违法集资、征收财物、摊派费用或者违法要求履行其他义务的；

（八）认为符合法定条件，申请行政机关颁发许可证、执照、资质证、资格证等证书，或者申请行政机关审批、登记有关事项，行政机关没有依法办理的；

（九）申请行政机关履行保护人身权利、财产权利、受教育权利的法定职责，行政机关没有依法履行的；

（十）申请行政机关依法发放抚恤金、社会保险金或者最低生活保障费，行政机关没有依法发放的；

（十一）认为行政机关的其他具体行政行为侵犯其合法权益的。

第九条第一款　公民、法人或者其他组织认为具体行政行为侵犯其合法权益的，可以自知道该具体行政行为之日起六十日内提出行政复议申请；但是法律规定的申请期限超过六十日的除外。

笔记区

纠纷解决技巧

行政复议的目的是纠正行政主体作出的违法或者不当的具体行政行为，以保护行政管理相对人的合法权益。行政复议的主体是当事人与作出具体行政行为的行政机关，对象是行政行为。行政复议机关，包括作出被申请行政行为的行政主体、作出被申请行政行为的行政主体的上一级行政机关、作出被申请行政行为的行政主体所属的人民政府。行政机关作出土地征收与补偿、土地权属确认、变更或撤销行政许可等具体行政行为时，容易与村民产生争议，如村民不服前述行政行为，应及时引导其依法向相应行政复议机关进行行政复议申请，使矛盾纠纷的解决进入正确的法治轨道。

试题

下列纠纷可以进行行政复议的是（　　）。[1]

A. 老李与老王就甲村某土地的承包经营权纠纷

B. 老李与乡政府之间的家具采购纠纷

C. 老李怀疑村委会截留部分农业补贴，中饱私囊

D. 老李不服县政府工商部门撤销其营业执照的决定

① 答案：D。

笔记区

19. 什么是行政诉讼？对行政机关的哪些行为能提起行政诉讼？

案例

李某想在村里盖一座新房，向乡政府提出审批宅基地的申请。但因各种原因，其一直未得到乡政府的正式答复。李某虽多次通过各种途径交涉，但仍没有结果。李某在律师的帮助下，再次以书面的形式向乡政府正式提出申请。乡政府接到申请后，在一个月内作出依据该市政府某文件的规定而不予审核的答复。李某不服该决定，于是向律师咨询。律师经核查认为，乡政府不予审核的决定在适用法律方面存在错误。于是，律师建议，李某以乡政府为被告向所在区人民法院提起行政诉讼。李某未听说过行政诉讼，不免疑惑。

法律分析

行政诉讼，是指公民、法人或者其他组织认为行政机关的行政行为侵犯其合法权益，向人民法院提起诉讼，人民法院依法予以受理、审理并作出裁判的活动。行政诉讼的原告只能是公民、法人或者其他组织，被告则只能是行政机关。根据《中华人民共和国行政诉讼法》的规定，对于行政处罚行为、行政强制措施或行政强制执行、行政许可决定、自然资源权属决定、征收补偿决定、行政不作为、滥用职权等行为均可以提起行政诉讼。在本案中，乡政府作出的对李某的宅基地申请不予审核的决定，可能存在法律适用错误，对于这一具体行政行为的合法性，可以以乡政府为被告向人民法院提起行政诉讼。

知识链接

《中华人民共和国行政诉讼法》

第二条 公民、法人或者其他组织认为行政机关和行政机关工作人员的行政行为侵犯其合法权益，有权依照本法向人民法院提起诉讼。

前款所称行政行为，包括法律、法规、规章授权的组织作出的行政行为。

第十二条 人民法院受理公民、法人或者其他组织提起的下列诉讼：

（一）对行政拘留、暂扣或者吊销许可证和执照、责令停产停业、没收违法所得、没收非法财物、罚款、警告等行政处罚不服的；

（二）对限制人身自由或者对财产的查封、扣押、冻结等行政强制措施和行政强制执行不服的；

（三）申请行政许可，行政机关拒绝或者在法定期限内

笔记区

不予答复,或者对行政机关作出的有关行政许可的其他决定不服的;

(四)对行政机关作出的关于确认土地、矿藏、水流、森林、山岭、草原、荒地、滩涂、海域等自然资源的所有权或者使用权的决定不服的;

(五)对征收、征用决定及其补偿决定不服的;

(六)申请行政机关履行保护人身权、财产权等合法权益的法定职责,行政机关拒绝履行或者不予答复的;

(七)认为行政机关侵犯其经营自主权或者农村土地承包经营权、农村土地经营权的;

(八)认为行政机关滥用行政权力排除或者限制竞争的;

(九)认为行政机关违法集资、摊派费用或者违法要求履行其他义务的;

(十)认为行政机关没有依法支付抚恤金、最低生活保障待遇或者社会保险待遇的;

(十一)认为行政机关不依法履行、未按照约定履行或者违法变更、解除政府特许经营协议、土地房屋征收补偿协议等协议的;

(十二)认为行政机关侵犯其他人身权、财产权等合法权益的。

除前款规定外,人民法院受理法律、法规规定可以提起诉讼的其他行政案件。

笔记区

纠纷解决技巧

法律规定了行政复议前置和终局行政复议两种特殊情形。行政复议前置指相关争议必须先进行行政复议，对复议结果不服才能进行行政诉讼；终局行政复议则指行政机关的复议裁决具有终局性，不能再就该复议提起行政诉讼。根据《中华人民共和国行政复议法》，自然资源所有权或使用权异议应先申请行政复议，而国务院或省级政府作出的行政复议决定具有终局性。此外，对国务院或省级政府的行政行为不服，应先向该行政复议机关申请复议，而国务院的行政复议决定具有终局性。

在实践中，需考量纠纷的性质、当事人的情况以及法律的限制性规定，合理选择进行行政复议或行政诉讼。

试题

甲村将 A 土地承包给王某经营鱼塘，而乙村则将该土地承包给张某建设林场。王某与张某就承包经营权产生争议，而甲村与乙村则就该块土地的权属产生争议。乙村向镇政府申请确认土地权属，镇政府作出决定认为该土地归甲村所有，乙村和张某不服。以下说法正确的是(　　)。[1]

---

[1] 答案：B。

笔记区

A. 张某可以向镇政府申请确认土地承包经营权

B. 乙村可以向县政府申请行政复议

C. 张某可以向县人民法院提起行政诉讼

D. 乙村可以向县人民法院提起行政诉讼

笔记区

▶ 20. 什么是信访？去哪里信访？

案例

热心村里事务的老张，作为义务宣传员参与了农村五保供养政策的宣传与开展。一段时间后，老张发现，村里部分“五保户”的实际经济情况不符合宣传中规定的条件。老张觉得直接向村委会反映问题可能起不到作用。好友老李告诉老张，或许可以到镇政府信访办反映问题。老张于是前往镇政府信访办反映村里有人违规享受五保政策的问题。一个月后，老张接到镇政府信访办工作人员的电话称，3名不符合“五保户”条件的人已被清退，相关责任人将被进一步处理。

法律分析

信访，是指公民、法人或者其他组织采用书信、电子邮件、传真、电话、走访等形式，向各级人民政府、县级以上人民政府工作部门反映情况，提出建议、意见或者投诉请求，依法由有关行政机关处理的活动。在实践中，各级政府、社团、人大、司法、政协、社区、企事业单位等均设有信访工作部门，负责接待信访人员，处理信访事项。各级党委和政府信访部门是开展信访工作的专门机构，公民个人和群体对于

笔记区

行政机关、管理公共事务职能的组织、提供公共服务的企事业单位、村/居委会及其工作人员的职务行为有异议,可以向有关行政机关反映情况,提出意见、建议或投诉,使相应问题得到重视和解决。在本案中,老张反映的违规享受“五保户”待遇的问题属于对村委会实际履职的质疑,采用信访的方式向镇信访办反映本村的前述情况是合理的解决方式。

知识链接

《信访工作条例》

第三条 信访工作是党的群众工作的重要组成部分,是党和政府了解民情、集中民智、维护民利、凝聚民心的一项重要工作,是各级机关、单位及其领导干部、工作人员接受群众监督、改进工作作风的重要途径。

第十四条 各级党委和政府信访部门是开展信访工作的专门机构,履行下列职责:

(一)受理、转送、交办信访事项;

(二)协调解决重要信访问题;

(三)督促检查重要信访事项的处理和落实;

(四)综合反映信访信息,分析研判信访形势,为党委和政府提供决策参考;

(五)指导本级其他机关、单位和下级的信访工作;

(六)提出改进工作、完善政策和追究责任的建议;

（七）承担本级党委和政府交办的其他事项。

笔记区

各级党委和政府信访部门以外的其他机关、单位应当根据信访工作形势任务，明确负责信访工作的机构或者人员，参照党委和政府信访部门职责，明确相应的职责。

纠纷解决技巧

平和、依法的信访是实现村民与政府信息共通、及时解决基层问题的有效方式。面对质疑行政人员职务行为的情形，应当及时疏导，引导其正确开展信访，避免矛盾升级。同时，信访是法律之外的另一种争议解决方式，主要针对质疑、不服行政机关及其工作人员的职务行为的事项（但并不属于行政复议范围的事项）。面对有意见的村民，需要判断其投诉请求是否可以通过诉讼、仲裁、行政复议等法定途径解决，指引其选择正确的纠纷解决路径，顺利化解纠纷。

试题

以下属于信访范围的是（　　）。[①]

A. 老王与邻居老李的合伙纠纷

B. 老王不服县政府的土地征收决议

C. 老王与乡长的借款纠纷

D. 老王发现乡政府违法将土地承包给张某建林场

---

① 答案：D。

笔记区

▶ 21. 民事诉讼需要缴费吗？打官司需要花多少钱？

案例

甲村王某欲承包村里部分土地经营鱼塘，向乙村张某借款1万元。双方约定，两年内归还借款，年利息8%。两年后，借款期满，张某多次向王某讨要借款，王某表示无力还款。张某无奈，请求甲村村支书出面调解，但王某避而不见。村支书认为，应直接到法院去起诉。张某也考虑过诉讼，但担心打官司要花很多钱。究竟民事诉讼要交多少钱？

法律分析

一般而言，民事诉讼需要向法院预缴诉讼费用。《中华人民共和国民事诉讼法》第121条规定，当事人进行民事诉讼，应当按照规定交纳案件受理费。交纳诉讼费用确实有困难的当事人，也可以向法院申请缓交、减交或免交。此外，根据案件情况，法院除向当事人收取案件受理费外，还会收取在审理案件及处理其他事项时实际支出的费用。根据不同的案件类型，案件受理费用有不同的收费标准：财产类案件根据诉讼请求的金额或者价额，按照比例分段

笔记区

累计交纳；非财产案件区分离婚案件、侵害人格权案件、知识产权案件、劳动争议案件等收取 10 元至 1000 元不等。调解结案、当事人撤诉或简易程序审理的案件，受理费减半。依照民事诉讼法规定的特别程序审理的案件，不收取案件受理费。在本案中，张某与王某的借款合同纠纷属于财产案件，总诉讼请求金额为 11,600 元，应按照财产类案件按比例分段累计交纳：1 万元交纳 50 元，1 万元以上的部分按 2.5% 的比例交纳，即 1600 元交纳 40 元，共计 90 元。如果适用简易程序，则诉讼费减半，为 45 元。

知识链接

《中华人民共和国民事诉讼法》第一百二十一条 当事人进行民事诉讼，应当按照规定交纳案件受理费。财产案件除交纳案件受理费外，并按照规定交纳其他诉讼费用。

当事人交纳诉讼费用确有困难的，可以按照规定向人民法院申请缓交、减交或者免交。

收取诉讼费用的办法另行制定。

《诉讼费用交纳办法》

第六条 当事人应当向人民法院交纳的诉讼费用包括：

（一）案件受理费；

笔记区

（二）申请费；

（三）证人、鉴定人、翻译人员、理算人员在人民法院指定日期出庭发生的交通费、住宿费、生活费和误工补贴。

第八条 下列案件不交纳案件受理费：

（一）依照民事诉讼法规定的特别程序审理的案件；

（二）裁定不予受理、驳回起诉、驳回上诉的案件；

（三）对不予受理、驳回起诉和管辖权异议裁定不服，提起上诉的案件；

（四）行政赔偿案件。

第十五条 以调解方式结案或者当事人申请撤诉的，减半交纳案件受理费。

第十六条 适用简易程序审理的案件减半交纳案件受理费。

纠纷解决技巧

判断民事诉讼案件在起诉时需交纳的费用首先应准确识别案件类型。具体费用计算可参见表1：

表1 案件受理费速算表

序号	案件类型	计算标准	费用速算
1	离婚案件	每件50～300元	涉及财产分割，财产总额超过20万元的部分收0.5%

笔记区

续表

序号	案件类型	计算标准	费用速算
2	侵害姓名权、名称权、肖像权、名誉权、荣誉权及其他人格权案件	每件 100 ~ 500 元	涉及损害赔偿，赔偿金额超过 5 万元至 10 万元的部分收 1%；超过 10 万元的部分收 0.5%
3	其他非财产案件	每件 50 ~ 100 元	
4	知识产权民事案件	每件 500 ~ 1000 元	有争议金额或价额的，按照财产案件标准交纳
5	劳动争议案件	每件 10 元	
6	商标、专利、海事行政案件	每件 100 元	
7	其他行政案件	每件 50 元	
8	管辖权异议不成立	每件 50 ~ 100 元	
9	财产案件（按诉讼请求的金额或价额计算）	1 万元以下	50 元
		超过 1 万 ~ 10 万元	标的额 ×2.5% − 200 元
		超过 10 万 ~ 20 万元	标的额 × 2% + 300 元
		超过 20 万 ~ 50 万元	标的额 ×1.5% + 1300 元

笔记区

续表

序号	案件类型	计算标准	费用速算
9	财产案件(按诉讼请求的金额或价额计算)	超过 50 万～100 万元	标的额 ×1% + 3800 元
		超过 100 万～200 万元	标的额 ×0.9% + 4800 元
		超过 200 万～500 万元	标的额 ×0.8% + 6800 元
		超过 500 万～1000 万元	标的额 ×0.7% + 11,800 元
		超过 1000 万～2000 万元	标的额 ×0.6% + 21,800 元
		2000 万元以上	标的额 ×0.5% + 41,800 元

试题

前述案例中,如果张某与王某之间的借款数额为 11 万元,借款 1 年内归还,年利息仍为 8%,则张某提起诉讼后若法院采用简易程序审理,应预交多少诉讼费?(　　)①

A. 1338 元　　B. 2676 元

C. 1450 元　　D. 2215 元

① 答案:A。

笔记区

▶ 22. 应当到哪个法院起诉?

案例

2001年,王某以家庭承包方式从甲村村委会承包土地14.7亩。2007年,王某与李某达成口头约定,王某用其承包土地中的9.2亩与李某以家庭承包方式承包的土地进行互换。2009年11月,甲村村委会向王某发放了农村土地承包经营权证,此证所标注的地块为王某于2001年承包时载明的地块。后因该地块被部分征用,王某凭其土地承包经营权证领取了政府发放的土地补偿费。李某认为其已经与王某互换了承包经营权,相应的土地补偿费应当由其领取,于是向法院请求确认其与王某的承包经营权互换合同,并确认其对相应土地的承包经营权。李某听说民事诉讼一般到被告所在地的人民法院起诉,但是,王某已经迁入隔壁市的城镇,是到隔壁市的法院起诉吗?具体到哪级法院呢?

法律分析

我国人民法院分为四级,分别为基层人民法院、中级人民法院、高级人民法院和最高人民法院,除法律规定由中级人民法院、高级人民法院和最高人民法院管辖的一审

笔记区

民事案件外，一般的第一审民事案件均由基层人民法院管辖。地域管辖指同级人民法院之间受理第一审民事案件的分工和权限，一般的地域管辖规则为“原告就被告”，由被告住所地，即户籍所在地人民法院管辖。如果当事人已经离开户籍所在地，有了新的经常居住地(固定居住超过一年)，则由经常居住地法院管辖。

在本案中，李某与王某的纠纷是农村土地承包经营权互换合同纠纷，根据最高人民法院《关于适用〈中华人民共和国民事诉讼法〉的解释》第28条的规定，只能由相应土地所在地的人民法院管辖。本案并非法律特别规定由中级人民法院、高级人民法院、最高人民法院一审管辖的案件，故本案应由甲村所在地的基层人民法院管辖。李某应向甲村所在地的基层人民法院起诉。

知识链接

《中华人民共和国民事诉讼法》

第十八条　基层人民法院管辖第一审民事案件，但本法另有规定的除外。

第十九条　中级人民法院管辖下列第一审民事案件：

(一)重大涉外案件；

(二)在本辖区有重大影响的案件；

(三)最高人民法院确定由中级人民法院管辖的案件。

第二十条 高级人民法院管辖在本辖区有重大影响的第一审民事案件。

第二十一条 最高人民法院管辖下列第一审民事案件:

(一)在全国有重大影响的案件;

(二)认为应当由本院审理的案件。

第二十二条 对公民提起的民事诉讼,由被告住所地人民法院管辖;被告住所地与经常居住地不一致的,由经常居住地人民法院管辖。

对法人或者其他组织提起的民事诉讼,由被告住所地人民法院管辖。

同一诉讼的几个被告住所地、经常居住地在两个以上人民法院辖区的,各该人民法院都有管辖权。

第二十四条 因合同纠纷提起的诉讼,由被告住所地或者合同履行地人民法院管辖。

第二十九条 因侵权行为提起的诉讼,由侵权行为地或者被告住所地人民法院管辖。

第三十四条 下列案件,由本条规定的人民法院专属管辖:

(一)因不动产纠纷提起的诉讼,由不动产所在地人民法院管辖;

(二)因港口作业中发生纠纷提起的诉讼,由港口所在

笔记区

地人民法院管辖；

（三）因继承遗产纠纷提起的诉讼，由被继承人死亡时住所地或者主要遗产所在地人民法院管辖。

第三十五条 合同或者其他财产权益纠纷的当事人可以书面协议选择被告住所地、合同履行地、合同签订地、原告住所地、标的物所在地等与争议有实际联系的地点的人民法院管辖，但不得违反本法对级别管辖和专属管辖的规定。

最高人民法院《关于适用〈中华人民共和国民事诉讼法〉的解释》第二十八条 民事诉讼法第三十四条第一项规定的不动产纠纷是指因不动产的权利确认、分割、相邻关系等引起的物权纠纷。

农村土地承包经营合同纠纷、房屋租赁合同纠纷、建设工程施工合同纠纷、政策性房屋买卖合同纠纷，按照不动产纠纷确定管辖。

不动产已登记的，以不动产登记簿记载的所在地为不动产所在地；不动产未登记的，以不动产实际所在地为不动产所在地。

纠纷解决技巧

判断有管辖权的法院需按照一定的顺序。具体而言，由于级别管辖在不同地域可能有不同标准，因此主要判断

笔记区

地域管辖。首先,应考虑是否构成专属管辖,因为专属管辖排斥其他地域管辖的可能;其次,需考虑是否存在管辖协议,如有合法的书面管辖协议,则应依据管辖协议确定;最后,确定纠纷性质考虑特殊地域管辖。一般地域管辖为兜底性质,除存在专属管辖与协议管辖的情形外,其他纠纷都可以适用一般地域管辖的"被告人所在地人民法院"管辖,特殊情形为夫妻一方离开住所地超过一年,另一方起诉离婚的案件,可以由原告住所地人民法院管辖。

试题

甲村与乙村分属A市与B市,位于两市的交界地带。一日,甲村的王某与乙村的张某因琐事发生争吵,张某用石头砸坏王某停在院外的农用三轮车。王某决定起诉索要赔偿,用法律保护自己的权益,其可以向哪个法院起诉?(　　)①

A. 乙村所在地中级人民法院

B. 乙村所在地人民法院

C. 甲村所在地基层人民法院

D. 甲村所在地人民法院

---

① 答案:C。

笔记区

23. 起诉需要提交哪些材料?

案例

甲村王某欲承包村里部分土地经营鱼塘,向乙村张某借款1万元。双方约定,借款两年内归还,年利息8%。两年后,借款期满,张某多次与王某讨要借款,王某表示因自己的鱼塘经营不善,无力还款。张某无奈,欲向王某所在地基层法院提起诉讼,请求法院判令王某返还借款和利息。张某的邻居提醒张某要准备好起诉的必要材料。究竟什么是起诉必要的材料?

法律分析

诉讼需要提供的材料如下。其一,起诉状及被告人数的副本,包括:(1)当事人的自然情况。当事人的姓名、性别、年龄、民族、职业、工作单位和住所;法人或者其他组织的名称,住所和法定代表人或者主要负责人的姓名、职务。这部分内容反映双方当事人的身份情况,使原告、被告特定化。对于书写困难的当事人,也可以口头起诉,由法院记入笔录。(2)诉讼请求和所根据的事实与理由。这部分是起诉状的主要内容。原告要在起诉状中写明具体的诉讼请求和提出这种请求所根据的事实与理由,包括法律关

笔记区

系存在的事实、发生纠纷的事实、提出诉讼请求的理由等。(3)证据和证据来源,证人姓名和住所。其二,原告身份证以及证明被告的资料。其三,具体的证据材料,如证明合同关系的具体合同,证明侵权关系的交通事故责任认定书等。

此外,如委托他人诉讼,另须提交授权委托书及受托人身份证复印件各1份,并同时提供原件供查验。如委托律师诉讼的,则另须提交授权委托书及律师事务所接受委托的证明、函件和律师证复印件。

在本案中,张某欲到法院起诉王某,索要借款与利息。其需要向法院提交的材料包括:(1)起诉状,写明张某、王某身份,述明双方借款合同关系以及王某到期不还钱的事实,写明索要借款和利息的金额。列明自己目前掌握的基本证据。(2)张某的身份证,王某的相关信息材料。(3)证明借款合同存在、借款期间经过的证据材料,如借款合同、欠条、收据、相关见证人的信息等。

知识链接

《中华人民共和国民事诉讼法》

第一百二十二条　起诉必须符合下列条件:

(一)原告是与本案有直接利害关系的公民、法人和其他组织;

笔记区

（二）有明确的被告；

（三）有具体的诉讼请求和事实、理由；

（四）属于人民法院受理民事诉讼的范围和受诉人民法院管辖。

第一百二十三条 起诉应当向人民法院递交起诉状，并按照被告人数提出副本。

书写起诉状确有困难的，可以口头起诉，由人民法院记入笔录，并告知对方当事人。

第一百二十四条 起诉状应当记明下列事项：

（一）原告的姓名、性别、年龄、民族、职业、工作单位、住所、联系方式，法人或者其他组织的名称、住所和法定代表人或者主要负责人的姓名、职务、联系方式；

（二）被告的姓名、性别、工作单位、住所等信息，法人或者其他组织的名称、住所等信息；

（三）诉讼请求和所根据的事实与理由；

（四）证据和证据来源，证人姓名和住所。

纠纷解决技巧

起诉时，向法院提供的材料目的在于证明自己的诉讼满足起诉的条件，即原告与本案有直接利害关系、被告明确、有具体的诉讼请求和事实理由、属于法院管辖。我国绝大多数法院都设立了诉讼服务大厅，开通了诉讼服务网,在起诉前可以先从法院处获得具体的指引。

笔记区

试题

以下说法错误的是(　　)。[1]

A. 起诉必须提供原告的身份证明材料

B. 起诉必须提供被告的身份证明材料

C. 起诉应当提供必要的证据材料

D. 起诉需要提供不少于两份的起诉状

① 答案:B。

笔记区

24. 什么是送达？送达的方式有哪些？

案例

乙村的张某因甲村的王某欠债不还，向王某住所地基层法院A法院起诉，请求法院判令王某返还借款并支付利息。A法院受理后，依法派法官到被告王某家中，将起诉状副本、案件受理通知书和应诉通知书交给王某。王某躲在后院，对法官避而不见，并嘱咐家人不要回应法官。法官来到王某家中，王某的妻子赵某开门后告知其王某不在家中，法官欲将前述材料交给赵某，赵某拒绝接受。于是，法官将相关材料放在王某家中的桌子上，并使用执法记录仪录像。同时，告诉赵某转告王某，这是法院的法定送达程序，意味着当事人已收到相关法律文书，拒绝接受也同样发生送达的效果。待法官走后，赵某向王某转达了法官的说明。两人不知道什么叫送达，法官的行为属于什么送达方式？

法律分析

送达，是指司法机关按照法定程序和方法将诉讼文书或法律文书送交收件人的诉讼行为，标志着相应文书当事人已经收到，相关文书的效力发生、诉讼期限开始计算、诉讼法律关系对应发生或消灭。送达的效力因所送达的诉讼文书或法律文书的内容不同，而有不同的体现。

根据《中华人民共和国民事诉讼法》，人民法院送达的方式包括：(1)直接送达；(2)留置送达；(3)委托送达；(4)邮寄送达；(5)转交送达；(6)电子送达；(7)公告送达。

在本案中，作为受送达人被告王某及其同住的成年家属无故拒绝接收诉讼文书，法官将诉讼文书放置在王某的住所并录像，属于法定的留置送达，是合法的送达方式。

知识链接

《中华人民共和国民事诉讼法》

第八十八条　送达诉讼文书，应当直接送交受送达人。受送达人是公民的，本人不在交他的同住成年家属签收；受送达人是法人或者其他组织的，应当由法人的法定代表人、其他组织的主要负责人或者该法人、组织负责收件的人签收；受送达人有诉讼代理人的，可以送交其代理人签收；受送达人已向人民法院指定代收人的，送交代收人签收。

受送达人的同住成年家属，法人或者其他组织的负责收件的人，诉讼代理人或者代收人在送达回证上签收的日期为送达日期。

第八十九条　受送达人或者他的同住成年家属拒绝

笔记区

接收诉讼文书的，送达人可以邀请有关基层组织或者所在单位的代表到场，说明情况，在送达回证上记明拒收事由和日期，由送达人、见证人签名或者盖章，把诉讼文书留在受送达人的住所；也可以把诉讼文书留在受送达人的住所，并采用拍照、录像等方式记录送达过程，即视为送达。

第九十条 经受送达人同意，人民法院可以采用能够确认其收悉的电子方式送达诉讼文书。通过电子方式送达的判决书、裁定书、调解书，受送达人提出需要纸质文书的，人民法院应当提供。

采用前款方式送达的，以送达信息到达受送达人特定系统的日期为送达日期。

第九十一条 直接送达诉讼文书有困难的，可以委托其他人民法院代为送达，或者邮寄送达。邮寄送达的，以回执上注明的收件日期为送达日期。

纠纷解决技巧

诉讼当事人有接收法律文书的权利和义务，应当引导当事人积极配合法院的送达，进而配合行使诉讼权利、履行诉讼义务。否则，可能招致不利的法律后果，如不理会法院送达的开庭传票而拒绝参加诉讼，则可能导致法院缺席裁判，导致对自己不利的裁判结果。同时，对于积极配合诉讼的当事人，有条件的法院可以选择电子送达的方式，当事人向法院确认电子送达地址，从而使送达更加快速便捷。

笔记区

试题

以下哪种方式不属于送达的合法方式？（　　）①

A. 法院将起诉状邮寄至被告家中

B. 法院经被告同意将起诉状电子版发送至被告邮箱

C. 法院将起诉状交给被告配偶

D. 法院让原告直接将起诉状交给被告

① 答案：D。

笔记区

25. 对下落不明的人可以起诉吗?

案例

甲村王某决定举家迁至某沿海城市创业。为筹集前期资金,王某向乙村张某借款10万元,约定两年内归还,年利率8%。王某表示,自己确定新住址后会向张某电话告知。张某考虑两人多年的交情,按照约定将10万元借给王某。王某全家走后不久,告知张某其新住址,但半年后没了音讯。张某给王某打电话发现其号码已经被注销,王某已经离开了新住址。借款期将届满,张某心急如焚,10万元是自己很大的一笔积蓄,难道要不回来了?张某也想去法院起诉王某,可是对方人都找不到,能起诉吗?

法律分析

为保障当事人的合法权益,对于下落不明的人同样可以提起诉讼。《中华人民共和国民事诉讼法》规定的起诉条件中对被告仅要求"明确性",即需要特定化为具体的、可识别的、并非确定死亡或消灭的公民、法人或其他组织。如被告是自然人,只要能获知其身份证号、户籍信息等即可明确其身份。就管辖而言,涉及专属管辖的纠纷不以当事人住所地作为确定管辖权的标准。对于其他纠纷,一方面,可以借助特殊地域管辖规则选择非被告经常居住地的人民法院管辖;另一方面,对于确实下落不明的人,法律推定其并无经常居住地,可向其住所地人民法院起诉。此外,法律还特别规定,对于下落不明或者宣告失踪的人提起的有关身份关系的诉讼,由原告住所地人民法院管辖,原告住所地与经常居住地不一致的,由原告经常居住地人民法院管辖。在本案中,张某可以向甲村所在地基层人民法院提起诉讼。

提起诉讼后,人民法院对于下落不明的人也可以采取公告送达的方式,自发出公告之日起,经过 30 日,即视为送达。送达生效后,法院可以继续推进程序,如始终无法找到被告,则可缺席裁判。

知识链接

《中华人民共和国民事诉讼法》

第二十三条 下列民事诉讼,由原告住所地人民法院管辖;原告住所地与经常居住地不一致的,由原告经常居住地人民法院管辖:

(一)对不在中华人民共和国领域内居住的人提起的有关身份关系的诉讼;

(二)对下落不明或者宣告失踪的人提起的有关身份关系的诉讼;

笔记区

（三）对被采取强制性教育措施的人提起的诉讼；

（四）对被监禁的人提起的诉讼。

第九十五条 受送达人下落不明，或者用本节规定的其他方式无法送达的，公告送达。自发出公告之日起，经过三十日，即视为送达。

公告送达，应当在案卷中记明原因和经过。

第一百二十二条 起诉必须符合下列条件：

（一）原告是与本案有直接利害关系的公民、法人和其他组织；

（二）有明确的被告；

（三）有具体的诉讼请求和事实、理由；

（四）属于人民法院受理民事诉讼的范围和受诉人民法院管辖。

纠纷解决技巧

在实践中，经常存在债务人为躲债而销声匿迹的情形，对于此种恶意避债的行为，债权人可以依据管辖规定向其住所地人民法院提起诉讼。但被告下落不明可能意味着其财产难以查找，对于财产类案件可能导致裁判最终无法执行，仍损害债权人的利益。此时，如果债务人确实下落不明满两年，债权人可以向法院申请宣告其失踪，在法院宣告其失踪后，失踪人的财产将进行整理，由其配偶、成年子女、父母或者其他愿意担任财产代管人的人代管。债权人可以就其财产获得清偿。根据最高人民法院《关于适用〈中华人民共和国民法典〉总则编若干问题的解释》第15条第2款的规定,债权人提起诉讼,请求失踪人的财产代管人支付失踪人所欠的债务和其他费用的,人民法院应当将财产代管人列为被告。

笔记区

试题

对于被宣告失踪的债务人,债权人应如何起诉?( )[①]

A. 无法起诉

B. 以债务人为被告起诉

C. 以债务人的财产代管人为被告起诉

D. 以债务人的近亲属为被告起诉

---

① 答案:C。

笔记区

26. 什么是支付令？收到支付令后有什么救济途径？

案例

甲村的王某为经营鱼塘向乙村的张某借款5万元，借期一年。王某经营鱼塘有方，借款到期前将借款和相应利息归还了张某。还款时，王某向张某索要借条，张某表示借条早已丢失，王某将其看作信任自己的表现，于是还钱后径行离开。一年后，王某突然收到人民法院签发的支付令，告知其应当在收到支付令之日起15日内清偿对张某的债务或向法院提出书面异议。王某大惊，其早已还清借款，怎么还收到了支付令？为什么人民法院不查清楚就发布支付令？自己该怎么获得救济？

法律分析

支付令，是指在督促程序中，由人民法院发布的限令债务人履行支付义务或者提出书面异议的法律文书。支付令也称为支付命令、督促决定。督促程序，是指人民法院根据债权人的申请，以支付令的方式，催促债务人在法定期间内向债权人履行给付金钱和有价证券的义务，如果债务人在法定期间内未履行义务又不提出书面异议，债权人可以根据支付令向人民法院申请强制执行的程序。

笔记区

支付令审查发布阶段，法院并不对债权人主张的债权进行实质审查，仅审查申请人提出的事实和证据，没有接触被申请人，没有让被申请人对申请人的请求答辩。为了平等地保护当事人双方的合法权益，《中华人民共和国民事诉讼法》规定，债务人自收到支付令之日起15日内可以提出书面异议。此种异议包括：否认支付令所载的债权、已经清偿相应债务、不认可支付令所载的债权具体内容，但应注意，异议内容不能是单纯的无能力偿还。法院收到债务人提出的书面异议后，应当裁定终结督促程序，支付令自行失效。

在本案中，王某不需要重复支付，只需要在15日内向法院书面提出自己已经清偿债务的异议，即可终止督促程序，支付令也将自行失效。

知识链接

《中华人民共和国民事诉讼法》

第二百二十一条 债权人请求债务人给付金钱、有价证券，符合下列条件的，可以向有管辖权的基层人民法院申请支付令：

（一）债权人与债务人没有其他债务纠纷的；

（二）支付令能够送达债务人的。

笔记区

申请书应当写明请求给付金钱或者有价证券的数量和所根据的事实、证据。

第二百二十三条 人民法院受理申请后，经审查债权人提供的事实、证据，对债权债务关系明确、合法的，应当在受理之日起十五日内向债务人发出支付令；申请不成立的，裁定予以驳回。

债务人应当自收到支付令之日起十五日内清偿债务，或者向人民法院提出书面异议。

债务人在前款规定的期间不提出异议又不履行支付令的，债权人可以向人民法院申请执行。

第二百二十四条 人民法院收到债务人提出的书面异议后，经审查，异议成立的，应当裁定终结督促程序，支付令自行失效。

支付令失效的，转入诉讼程序，但申请支付令的一方当事人不同意提起诉讼的除外。

纠纷解决技巧

督促程序，是为便利实现债权而设置的特别程序，用以快捷实现以金钱或有价证券的给付为内容的债权。同时，法律规定，适用督促程序仅需交纳诉讼程序 1/3 的诉讼费，因此有利于当事人降低成本。债权人运用督促程序申请支付令，需债权到期且金额明确，同时债权人不能有对待给付义务。

笔记区

试题

以下哪种说法正确？(　　)[①]

A. 张某可以基于还未到期的借款合同，提前向法院申请支付令

B. 张某可以买卖合同对方收货后未付款为由向法院申请支付令

C. 李某收到支付令后，向法院口头抗议自己已经清偿债务是有效的异议

D. 李某收到支付令后，向法院书面表示自己没钱是有效的异议

---

① 答案：B。

笔记区

27. 什么是财产保全？什么情况能申请财产保全？

案例

唐某在某木业有限公司工作。某木业有限公司由于经营困难，自2018年5月起以各种理由拖欠工人工资，累计拖欠59名劳动者工资共计90.55万元。2018年6月，唐某等人发现，某木业有限公司开始悄悄转移处置厂房内的木材，于是，唐某等8人向人民法院提起诉讼，请求人民法院判令某木业有限公司支付拖欠的工资。法院调查后认为，涉案某木业有限公司存在大规模转移财产的可能，且大部分当事人因未领工资滞留在厂区内居住，易引发不良后果，于是告知当事人可以申请财产保全，将某木业有限公司内的木材和设备进行查封。在胜诉后的执行程序中，被保全的财产全部变现，工人工资得以全部清偿。

法律分析

《中华人民共和国民事诉讼法》确立了财产保全制度，基于特定情形，在裁判作出前对债务人的财产进行控制，防止债务人恶意转移、隐匿、毁损其所有财产，保证将来生效裁判能够顺利执行。因此，债权人为维护自身合法权益，依法可以向法院提出财产保全申请。财产保全的措施包括查封、扣押、冻结等控制性措施。采取相应措施后，债务人不能再处分相应财产（如变卖、赠与、毁坏），从而可以保障在执行程序中将相应保全财产变现。

财产保全，分为诉讼保全和诉前保全。诉讼保全，是指在起诉后向法院申请的财产保全。在提起诉讼或者申请仲裁前，当事人向法院申请采取保全措施，即诉前保全。

总体而言，申请财产保全的条件包括：(1)诉讼请求有财产给付内容；(2)须具有采取财产保全的必要性；(3)财产保全的范围限于申请人诉讼请求的范围，或者是与本案有关的被申请人的财产；(4)应向有管辖权的法院申请。

对于是否需要当事人申请和是否需要提供担保则需区分诉讼保全与诉前保全。对于诉讼保全，法院有一定的裁量权，可以依据案情裁定采取保全措施，决定申请人是否需要提供担保；而对于诉前保全，则必须由当事人申请，且必须提供担保。同时，当事人申请诉前财产保全后，必须在 30 日内提起诉讼或申请仲裁，否则，法院将解除财产保全；诉讼保全则是法院立案后采取的财产保全。

知识链接

《中华人民共和国民事诉讼法》

第一百零三条 人民法院对于可能因当事人一方的行为

笔记区

或者其他原因,使判决难以执行或者造成当事人其他损害的案件,根据对方当事人的申请,可以裁定对其财产进行保全、责令其作出一定行为或者禁止其作出一定行为;当事人没有提出申请的,人民法院在必要时也可以裁定采取保全措施。

人民法院采取保全措施,可以责令申请人提供担保,申请人不提供担保的,裁定驳回申请。

人民法院接受申请后,对情况紧急的,必须在四十八小时内作出裁定;裁定采取保全措施的,应当立即开始执行。

第一百零四条 利害关系人因情况紧急,不立即申请保全将会使其合法权益受到难以弥补的损害的,可以在提起诉讼或者申请仲裁前向被保全财产所在地、被申请人住所地或者对案件有管辖权的人民法院申请采取保全措施。申请人应当提供担保,不提供担保的,裁定驳回申请。

人民法院接受申请后,必须在四十八小时内作出裁定;裁定采取保全措施的,应当立即开始执行。

申请人在人民法院采取保全措施后三十日内不依法提起诉讼或者申请仲裁的,人民法院应当解除保全。

第一百零五条 保全限于请求的范围,或者与本案有关的财物。

纠纷解决技巧

如果债务人有转移、隐匿、出卖或者毁损财产等恶意

笔记区

避债的行为，及时申请财产保全是保障将来裁判可以顺利执行，维护自身权益的有效方式。在申请财产保全时，需要尽可能提前了解债务人的财产内容，保留债务人转移、隐匿、出卖或者毁损财产的相应证据。在财产保全申请书中，须述明申请人和被申请人的信息，请求保全的财产内容，表明申请财产保全必要性的事实与理由。

试题

A 地甲公司与 B 地乙公司签订买卖合同，乙到期未能交货。甲公司多次催货未果，便向 B 地基层人民法院起诉，要求判令乙公司按照合同约定交付货物，并支付违约金。其他基层人民法院受理后，甲公司得知乙公司将货物放置于其设在 D 地的仓库，并且随时可能转移。下列哪个选项是正确的？（　　）①

A. 甲公司如果想申请财产保全，必须向货物所在地的 D 地基层法院提出

B. 甲公司如果要向法院申请财产保全，必须提供担保

C. 甲公司如果要向法院申请财产保全，可以保全乙公司法定代表人王某的财产

D. 受诉法院如果认为确有必要，可以直接作出财产保全裁定

① 答案：D。

笔记区

▶ 28. 什么是先予执行？什么情况能申请先予执行？

案例

张大妈患淋巴癌，住院治疗须交纳住院费 3 万元，但张大妈夫妇已无力支付，于是向子女请求分摊部分医疗费用，却遭到子女的无情拒绝。张大妈夫妇无奈，只能将四个子女告上法庭，请求法庭判令四个子女给付必要的赡养费。经咨询，张大妈夫妇得知，对于此种紧急情形，可以向法院申请“先予执行”，从而可以在法院作出裁判前拿到赡养费。两位老人疑惑，什么是先予执行？先予执行有什么条件限制？

法律分析

先予执行，是指人民法院在受理案件后、终审判决作出之前，根据一方当事人的申请，裁定对方当事人向申请一方当事人给付一定数额的金钱或其他财物，或者实施或停止某种行为，并立即付诸执行的一种程序。先予执行程序是为解决当事人生活或生产上的燃眉之急，在事实基本清楚、权利义务关系明确的情况下，提前要求被告履行相应的义务。

笔记区

《中华人民共和国民事诉讼法》规定的先予执行适用的案件范围是：第一，追索赡养费、扶养费、抚养费、抚恤金、医疗费用的案件；第二，追索劳动报酬的案件；第三，因情况紧急需要先予执行的案件。根据最高人民法院的有关司法解释，所谓的情况紧急，主要是指下列情况：需要立即停止侵害，排除妨碍的；需要立即制止某项行为的；需要立即返还用于购置生产原料、生产工具款的；追索恢复生产、经营急需的保险理赔费的。

上述类型的案件，需要先予执行的，还应当满足下列条件：第一，当事人之间事实基本清楚、权利义务关系明确。第二，申请人有实现权利的迫切需要。第三，当事人向人民法院提出申请，案件的诉讼请求属于给付之诉。第四，被申请人有履行的能力。

在本案中，张大妈夫妇起诉向子女索要赡养费，双方之间确为亲子关系，事实清楚。张大妈夫妇因生活困难有权向子女索要疾病治疗用的赡养费，而治疗时间紧迫，需要及时获得给付。因此，本案符合申请先予执行的条件。

知识链接

《中华人民共和国民事诉讼法》

第一百零九条 人民法院对下列案件，根据当事人的申请，可以裁定先予执行：

笔记区

(一)追索赡养费、扶养费、抚养费、抚恤金、医疗费用的;

(二)追索劳动报酬的;

(三)因情况紧急需要先予执行的。

第一百一十条 人民法院裁定先予执行的,应当符合下列条件:

(一)当事人之间权利义务关系明确,不先予执行将严重影响申请人的生活或者生产经营的;

(二)被申请人有履行能力。

人民法院可以责令申请人提供担保,申请人不提供担保的,驳回申请。申请人败诉的,应当赔偿被申请人因先予执行遭受的财产损失。

最高人民法院《关于适用〈中华人民共和国民事诉讼法〉的解释》第一百七十条 民事诉讼法第一百零九条第三项规定的情况紧急,包括:

(一)需要立即停止侵害、排除妨碍的;

(二)需要立即制止某项行为的;

(三)追索恢复生产、经营急需的保险理赔费的;

(四)需要立即返还社会保险金、社会救助资金的;

(五)不立即返还款项,将严重影响权利人生活和生产经营的。

笔记区

纠纷解决技巧

先予执行的着眼点是满足权利人的迫切需要，以避免民事案件从起诉到裁判的期间，权利人无法得到必要给付而发生不可弥补的损害。允许申请先予执行的案件，一般是与个人生活或企业生产密切关联的，即个人生活遭遇困难或企业生产面临停滞或遭受持续严重损失的情形。对于前述情形，及时申请先予执行是及时获得救济的有效方式。同时，并非属于前述案件即可申请先予执行，还要考虑具体案情，即是否事实清楚、权利义务关系明确，且被申请人有能力进行支付。

试题

根据《中华人民共和国民事诉讼法》，人民法院不适于裁定先予执行的案件是(　　)。[①]

A. 追索赡养费、抚养费的

B. 追索抚恤金、医疗费的

C. 追索违约金或者赔偿损失的

D. 追索劳动报酬的

---

① 答案：C。

笔记区

▶ 29. 什么是上诉？什么是两审终审？

案例

2015年，甲村王某与乙村张某合伙经营鱼塘。2016年1月，王某因急需资金，向张某借款5万元，借期两年，并出具欠条一张。2018年3月，张某凭欠条向甲村所在地基层法院起诉王某，称王某所欠的5万元经多次催要始终未还，请求法院判令王某返还借款并支付逾期还款利息。一审审理中，王某提出，自己曾于2018年1月向张某转账10.2万元，其中5万元为归还借款，其余款项用于支付合伙款及利息，并提供转账凭证。张某认为，此笔款项是合伙的分红，并非归还借款。一审法院认为，被告王某没有证据证明归还了原告欠款5万元的事实，对于双方涉及的合伙纠纷应由当事人另行主张权利，判令王某支付欠款及逾期利息。王某对一审判决不服，认为自己已归还了借款，想要寻求进一步救济。邻居李某的儿子告诉王某可以向法院提起上诉，并向其指出判决书中已写明“如不服本判决，可在判决书送达之日起十五日内，向本院递交上诉状”。同时嘱咐王某，我国实行两审终审制度，只能上诉一次。王某有点疑惑，上诉是人民法院再审理一次吗？两审终审又是什么意思？

法律分析

笔记区

上诉，是指当事人对第一审未生效的判决、裁定在法定期限内声明不服，要求上级人民法院进行审理，并撤销原判决、裁定的诉讼行为。第二审人民法院会对上诉请求的有关事实和适用法律进行审查。如果当事人对一审人民法院的裁判不服，则可以在法定期限内向上一级人民法院提起上诉，请求上一级人民法院再次审理该案件。我国允许当事人在人民法院作出一次裁判后再向上一级人民法院申请审理一次，一方面是为当事人提供必要救济，保障当事人的合法权益得到应有的保护；另一方面也是使不服裁判的当事人服判息诉。

两审终审制，是我国法律对人民法院处理案件的一个程序，即一个案件，最多只能经过两级人民法院审理，审理完成后案件终结。也就是说，案件在一审人民法院处理后，如果双方都满意，判决结果经过一段时间后生效，诉讼程序结束；如果对判决不满意，在一定时间内可以向作出一审裁判的人民法院的上级人民法院上诉。二审后判决直接生效，案件终结，如果对二审裁判还不满意，则不能通过上诉进行三审，因为审判程序已经结束。如果二审裁判确实错误，则要通过例外的再审纠错程序寻求救济。之所以规定两审终审制，是因为二审人民法院不仅要全面审理

笔记区

案件事实，而且要审查案件适用法律是否正确，经过二审案件基本能得到正确的解决，如果审理过多，手续烦琐，就会使诉讼迟滞，对人民法院和当事人的时间、金钱与精力造成不必要的浪费。

知识链接

《中华人民共和国民事诉讼法》

第十条 人民法院审理民事案件，依照法律规定实行合议、回避、公开审判和两审终审制度。

第一百七十一条 当事人不服地方人民法院第一审判决的，有权在判决书送达之日起十五日内向上一级人民法院提起上诉。

当事人不服地方人民法院第一审裁定的，有权在裁定书送达之日起十日内向上一级人民法院提起上诉。

第一百八十二条 第二审人民法院的判决、裁定，是终审的判决、裁定。

纠纷解决技巧

两审终审制度是我国民事诉讼的基本制度之一。对于一审裁判不服的当事人可以在法定期限内通过一审人民法院向上一级人民法院上诉，从而使当事人的纠纷可以有两次审理的机会。但我国也有部分案件实行一审终审制：(1)一审由最高人民法院审理的案件；(2)适用特别程序、督促程序、公示催告程序的案件；(3)小额诉讼案件；(4)一般的裁定为一审终审(不予受理、驳回起诉和管辖权异议的裁定可以上诉)；(5)所有调解书均为一审终审，不能上诉；(6)确认婚姻效力的判决为一审终审。对一审裁判不服可及时提起上诉，但需考虑案件性质。二审终结后，应理性看待裁判结果，相信法官的判断。如果特殊情形下确实存在法律适用错误、严重程序错误或者发现会影响裁判结果的新证据，可以通过申请再审的方式获得应有的救济。

试题

下列哪个情形中，人民法院应当受理当事人的上诉请求？(　　)①

A. 宋某和卢某借款纠纷一案，卢某二审败诉，卢某不服提起上诉

B. 曹某向市中级人民法院诉刘某侵犯其专利权，要求赔偿损失1元钱，中级人民法院驳回其请求。曹某提起上诉

C. 孙某将朱某打伤，朱某将孙某诉至人民法院，最终经人民法院调解结案。后朱某反悔提起上诉

D. 尹某诉与林某离婚，人民法院审查中发现二人系禁婚的近亲属，遂判决二人婚姻无效。林某提起上诉

---

① 答案：B。

笔记区

30. 对一审判决不服提起上诉有什么条件?

案例

乙村张某向法院起诉甲村王某,请求法院判令王某返还5万元借款和逾期利息。一审审理中,王某提出,自己曾向张某转账10.2万元,其中5万元为归还借款,其余款项系用于支付合伙款及利息,并提供了转账凭证。张某则认为此笔款项是合伙的分红,并非归还借款。一审法院支持了张某的请求;王某不服,决定向法院提起上诉。于是,王某到一审法院立案庭提出上诉;立案庭法官告诉他,上诉要向案件原承办法官递交上诉状,并且有时间限制。于是王某询问:对一审判决不服提起上诉都有什么条件?

法律分析

当事人对一审裁判不服,提起上诉应当遵循法律规定的程序。

第一,必须有法定的上诉对象,即只能对依法可以上诉的判决和裁定提起上诉。可以上诉的判决包括:地方各级人民法院适用普通程序和简易程序审理的第一审判决;第二审人民法院发回重审,一审人民法院重审后所作出的判决。可以上诉的裁定有:人民法院作出的不予受理的裁

笔记区

定;人民法院对当事人的管辖异议作出的裁定;驳回起诉的裁定。适用特别程序审理作出的判决和裁定、最高人民法院作出的判决和裁定、改判或驳回诉讼请求的第二审判决和裁定,当事人不得提起上诉。

第二,必须在法定的上诉期内提出上诉。从裁判文书送达之日起计算,不服判决的上诉期间为 15 日,不服裁定的上诉期间为 10 日。

第三,必须提交上诉状。当事人提起上诉的,必须向作出一审裁判的人民法院提出书面上诉状,当事人口头提出的不能视为上诉。

知识链接

《中华人民共和国民事诉讼法》

第一百七十一条 当事人不服地方人民法院第一审判决的,有权在判决书送达之日起十五日内向上一级人民法院提起上诉。

当事人不服地方人民法院第一审裁定的,有权在裁定书送达之日起十日内向上一级人民法院提起上诉。

第一百七十二条 上诉应当递交上诉状。上诉状的内容,应当包括当事人的姓名,法人的名称及其法定代表人的姓名或者其他组织的名称及其主要负责人的姓名;原审人民法院名称、案件的编号和案由;上诉的请求和理由。

笔记区

第一百七十三条 上诉状应当通过原审人民法院提出,并按照对方当事人或者代表人的人数提出副本。

当事人直接向第二审人民法院上诉的,第二审人民法院应当在五日内将上诉状移交原审人民法院。

纠纷解决技巧

上诉是诉讼参与人的基本权利之一,但上诉也有具体的程序条件限制。上诉后,法院在二审中,将针对当事人的上诉请求、相关事实和适用法律进行审理,所以应在上诉时明确自己的核心请求。同时,提起上诉的目的是防止法院裁判错误,保障自己的合法权益;因此,应针对法院认定事实不清或适用法律错误的情形提起上诉,而不应随意滥用上诉权。

试题

关于民事诉讼上诉的说法,正确的是(　　)。①

A. 上诉期为 10 日

B. 上诉时应当递交上诉状

C. 上诉状应当向第二审人民法院提出

D. 当事人向原审人民法院提起上诉的,原审法院应当受理

① 答案:B。

笔记区

▶ 31. 对生效的二审判决有什么救济途径?

案例

村委会决定投资5万元建设鱼塘。2015年3月1日,村委会召开会议,讨论鱼塘对外发包事宜。经研究决定,鱼塘承包费每年1000元,承包期5年,由村民张某承包,村委会委员均无异议并在会议记录上签字确认。双方签订了土地承包合同(其他方式承包),合同中约定:“合同的转包:1. 在本合同有效期内,遵照自愿、互利的原则,可以将承包的土地全部或部分转包给第三方。2. 转包时应签订转包合同,不得擅自改变原来承包合同的内容。3. 本合同转包后,甲方与乙方之间仍应按照原承包合同的约定行使权利和承担义务;乙方与第三方按转包合同的约定行使权利和承担义务。”2015年4月1日,张某向村委会交纳2000元承包费,村委会向张某出具了专用收款收据。后该鱼塘一直由张某经营。2017年5月,张某将鱼塘转包给第三人靳某,并签订了转包合同,约定转包期3年,转包费合计10,000元,靳某已经向张某付清款项。该鱼塘实际由靳某经营使用。2017年5月后,张某未再向村委会交纳承包费。村委会向所在地基层人民法院起诉,要求张某交纳拖欠的承包费并返还鱼塘。张某认为,自己已经将鱼塘转包

笔记区

给靳某,不再经营该鱼塘,无须继续交纳承包费。法院一审判决支持原告的诉讼请求;张某不服,提出上诉。二审法院驳回了张某的上诉,维持原判。二审判决生效后,张某还有什么救济途径?

法律分析

我国法律规定,对民事案件实行两审终审制,即普通民事案件经过上下两级法院审理后即发生法律效力,当事人不得再提起上诉。民事再审是为纠正已经发生法律效力的民事案件的错误判决、裁定,依照审判监督程序,对该民事案件重新进行审理的程序。

根据《中华人民共和国民事诉讼法》有关规定,当事人对已经发生法律效力的判决、裁定,认为有错误的,可以向上一级人民法院申请再审;当事人一方人数众多或者当事人双方为公民的案件,也可以向原审人民法院申请再审。在本案中,对生效的二审判决,张某可以通过向上一级人民法院申请再审的方式寻求救济。

知识链接

《中华人民共和国民事诉讼法》第二百零六条 当事人对已经发生法律效力的判决、裁定,认为有错误的,可以向上一级人民法院申请再审;当事人一方人数众多或者当事人双方为公民的案件,也可以向原审人民法院申请再审。当事人申请再审的,不停止判决、裁定的执行。

笔记区

纠纷解决技巧

再审程序是为了防止冤假错案而为当事人设计的一道救济程序,但其启动难度较大,建议聘请专业律师办理。

试题

对生效的二审判决可以通过什么方式进行救济?(　　)①

A. 可以向上一级人民法院提起上诉

B. 可以向上一级人民法院申请再审

C. 可以向其他人民法院另行起诉

D. 可以向原审人民法院申请复议

① 答案:B。

笔记区

32. 如何提起再审申请?

案例

村委会与张某签订土地承包合同后,因张某欠交土地承包款,村委会将张某诉至法院,经过一审、二审程序的审理后,当地的中级人民法院支持村委会的诉讼请求,判决张某支付土地承包款3000元。张某认为,二审判决认定事实的主要证据是伪造的,因此,向上一级人民法院提起了再审申请。

法律分析

根据《中华人民共和国民事诉讼法》第206条的规定,申请再审的对象为有错误的生效判决或者裁定,而无论其是一审裁判还是二审裁判。关于向哪级人民法院申请再审,一般应向上一级人民法院申请再审,“当事人一方人数众多或者当事人双方为公民的案件”,可以向原审人民法院提交再审申请书,由原审人民法院统一接收当事人申请再审的材料。当事人申请再审,应当在判决、裁定发生法律效力后6个月内提出;有《中华人民共和国民事诉讼法》第207条第1项、第3项、第12项、第13项规定情形的,自知道或者应当知道之日起6个月内提出。当事人申请再审,应当向人民法院提交再审申请书,并按照对方当事人人数提交副本，而且应当向人民法院提交已经发生法律效力的判决书、裁定书、调解书，身份证明及相关证据材料。

在本案中，张某认为，生效的二审判决确有错误，可以申请再审。张某和村委会作为当事人，并非“当事人一方人数众多”或者“双方为公民”的情况，因此张某只能向上一级人民法院申请再审，而不得向原审人民法院申请再审。张某申请再审的事由是“原判决、裁定认定事实的主要证据是伪造的”，应当自知道或者应当知道之日起6个月内提出再审申请。

知识链接

《中华人民共和国民事诉讼法》

第二百零六条　当事人对已经发生法律效力的判决、裁定，认为有错误的，可以向上一级人民法院申请再审；当事人一方人数众多或者当事人双方为公民的案件，也可以向原审人民法院申请再审。当事人申请再审的，不停止判决、裁定的执行。

第二百零七条　当事人的申请符合下列情形之一的，人民法院应当再审：

（一）有新的证据，足以推翻原判决、裁定的；

（二）原判决、裁定认定的基本事实缺乏证据证明的；

（三）原判决、裁定认定事实的主要证据是伪造的；

（四）原判决、裁定认定事实的主要证据未经质证的；

（五）对审理案件需要的主要证据，当事人因客观原因

笔记区

不能自行收集，书面申请人民法院调查收集，人民法院未调查收集的；

（六）原判决、裁定适用法律确有错误的；

（七）审判组织的组成不合法或者依法应当回避的审判人员没有回避的；

（八）无诉讼行为能力人未经法定代理人代为诉讼或者应当参加诉讼的当事人，因不能归责于本人或者其诉讼代理人的事由，未参加诉讼的；

（九）违反法律规定，剥夺当事人辩论权利的；

（十）未经传票传唤，缺席判决的；

（十一）原判决、裁定遗漏或者超出诉讼请求的；

（十二）据以作出原判决、裁定的法律文书被撤销或者变更的；

（十三）审判人员审理该案件时有贪污受贿，徇私舞弊，枉法裁判行为的。

第二百一十二条　当事人申请再审，应当在判决、裁定发生法律效力后六个月内提出；有本法第二百零七条第一项、第三项、第十二项、第十三项规定情形的，自知道或者应当知道之日起六个月内提出。

纠纷解决技巧

当事人要注意申请再审的期限限制，即当事人申请再

笔记区

审,应当在判决、裁定发生法律效力后6个月内提出;存在"有新的证据,足以推翻原判决、裁定的""原判决、裁定认定事实的主要证据是伪造的""据以作出原判决、裁定的法律文书被撤销或者变更的""审判人员审理该案件时有贪污受贿,徇私舞弊,枉法裁判行为的"情形的,自知道或者应当知道之日起6个月内提出。

试题

张某和村委会因鱼塘承包合同的履行产生纠纷,村委会向所在地基层人民法院起诉,要求张某支付承包费3000元。一审判决支持了村委会的诉讼请求,张某不服,提起上诉。二审人民法院判决驳回上诉,维持原判。如果张某认为原判决、裁定认定事实的主要证据是伪造的,向人民法院申请再审,那么,下列关于申请再审及人民法院对再审申请的审查处理的说法正确的是(　　)。①

A. 张某可以向原审人民法院申请再审

B. 张某可以在判决生效后6个月内申请再审

C. 张某自知道或者应当知道之日起6个月内申请再审

D. 张某无须提交再审申请书

---

① 答案:C。

笔记区

▶ 33. 再审申请被驳回后有什么救济途径？

案例

村委会与张某之间的土地承包合同纠纷的二审判决生效后，因张某认为二审判决认定事实的主要证据是伪造的，向上一级人民法院提起了再审申请，但上一级人民法院驳回了张某的再审申请。此时，张某还可以如何寻求法律救济？

法律分析

《中华人民共和国民事诉讼法》及相关司法解释对再审申请被驳回的救济进行了规定。人民法院经审查认为申请再审事由不成立的，应当裁定驳回再审申请。再审申请被驳回后，当事人可以向人民检察院申请检察建议或者抗诉。但如果当事人再次提出再审申请，法院将不予受理；此时人民法院应当告知当事人可以向人民检察院申请再审检察建议或者抗诉，但因人民检察院提出再审检察建议或者抗诉而再审作出的判决、裁定除外。本案中，张某的再审申请被驳回后，可以向人民检察院申请检察建议或者抗诉，但不能再次向法院申请再审。

知识链接

笔记区

《中华人民共和国民事诉讼法》第二百一十六条 有下列情形之一的,当事人可以向人民检察院申请检察建议或者抗诉:

(一)人民法院驳回再审申请的;

(二)人民法院逾期未对再审申请作出裁定的;

(三)再审判决、裁定有明显错误的。

人民检察院对当事人的申请应当在三个月内进行审查,作出提出或者不予提出检察建议或者抗诉的决定。当事人不得再次向人民检察院申请检察建议或者抗诉。

最高人民法院《关于适用〈中华人民共和国民事诉讼法〉审判监督程序若干问题的解释》第十六条 人民法院经审查认为申请再审事由不成立的,应当裁定驳回再审申请。

驳回再审申请的裁定一经送达,即发生法律效力。

最高人民法院《关于适用〈中华人民共和国民事诉讼法〉的解释》第三百八十一条 当事人申请再审,有下列情形之一的,人民法院不予受理:

(一)再审申请被驳回后再次提出申请的;

(二)对再审判决、裁定提出申请的;

(三)在人民检察院对当事人的申请作出不予提出再审检察建议或者抗诉决定后又提出申请的。

笔记区

前款第一项、第二项规定情形，人民法院应当告知当事人可以向人民检察院申请再审检察建议或者抗诉，但因人民检察院提出再审检察建议或者抗诉而再审作出的判决、裁定除外。

纠纷解决技巧

当事人要注意，当人民法院驳回其再审申请时，不能再次提出再审申请，而应当向人民检察院申请检察建议或者抗诉。

试题

关于本案中张某申请再审被驳回后的救济，下列说法正确的是（　　）。[①]

A. 张某可以再次向驳回其再审申请的人民法院申请再审

B. 张某可以向最高人民法院申请再审

C. 张某可以向人民检察院申请检察建议

D. 张某可以向其他人民法院另行起诉

① 答案：C。

笔记区

▶ 34. 检察院如何监督法院的工作？检察监督有哪些方式？

案例

A市人民检察院现已查明，村民靳某与村委会成员钱某恶意串通，虚构了村委会与靳某之间的土地承包合同，并捏造了靳某已向村委会足额交纳土地承包款，但村委会未依约定将土地发包给靳某的事实，靳某通过向A市B区人民法院提起诉讼的方式非法牟取农村集体“资金、资产、资源”(以下简称“三资”)。A市B区法院未能查明虚假诉讼的事实，一审判决支持了靳某的诉讼请求。检察院经对该涉农村集体“三资”案件中的问题全面系统梳理，发现审理该案的人民法院在审理过程中，对于一方当事人明显通过虚构事实、隐瞒真相或伪造证据等手段提起民事诉讼侵害农村集体利益的事实未予查明。A市检察院就该农村集体“三资”虚假诉讼案件向A市B区人民法院提起抗诉。

法律分析

民事检察监督是法律监督的一个组成部分，是人民检察院针对人民法院所进行的民事诉讼活动实施监督，发现

笔记区

违法行为并予以纠正的行为。民事检察监督的主体是人民检察院;客体是人民法院的诉讼活动,包括人民法院受理、审理、裁判、执行的全部活动;监督的内容是人民法院在解决纠纷的全过程中,程序是否合法,适用法律是否正确,法官在履行职务中有无违法等。民事检察监督的方式是提出检察建议或者抗诉。

知识链接

《中华人民共和国民事诉讼法》

第二百一十五条 最高人民检察院对各级人民法院已经发生法律效力的判决、裁定,上级人民检察院对下级人民法院已经发生法律效力的判决、裁定,发现有本法第二百零七条规定情形之一的,或者发现调解书损害国家利益、社会公共利益的,应当提出抗诉。

地方各级人民检察院对同级人民法院已经发生法律效力的判决、裁定,发现有本法第二百零七条规定情形之一的,或者发现调解书损害国家利益、社会公共利益的,可以向同级人民法院提出检察建议,并报上级人民检察院备案;也可以提请上级人民检察院向同级人民法院提出抗诉。

各级人民检察院对审判监督程序以外的其他审判程序中审判人员的违法行为,有权向同级人民法院提出检察建议。

笔记区

第二百一十六条 有下列情形之一的，当事人可以向人民检察院申请检察建议或者抗诉：

（一）人民法院驳回再审申请的；

（二）人民法院逾期未对再审申请作出裁定的；

（三）再审判决、裁定有明显错误的。

人民检察院对当事人的申请应当在三个月内进行审查，作出提出或者不予提出检察建议或者抗诉的决定。当事人不得再次向人民检察院申请检察建议或者抗诉。

纠纷解决技巧

检察院对有明显错误的再审判决、裁定提出抗诉或者再审检察建议的，人民法院应予受理。当事人可以在“人民法院驳回再审申请”“人民法院逾期未对再审申请作出裁定”“再审判决、裁定有明显错误”的情况下，向人民检察院申请检察建议或者抗诉。

试题

关于民事检察监督的说法，下列选项中错误的是（　　）。[1]

A. 最高人民检察院发现各级人民法院的调解书损害

---

① 答案：C。

笔记区

国家利益、社会公共利益的,应当提出抗诉

B. 上级人民检察院对下级人民法院已经发生法律效力的判决、裁定,发现有新的证据,足以推翻原判决、裁定的,应当提出抗诉

C. 地方各级人民检察院发现同级人民法院的调解书损害国家利益、社会公共利益的,应当提出抗诉

D. 地方各级人民检察院发现同级人民法院的调解书损害国家利益、社会公共利益的,可以向同级人民法院提出检察建议,并报上级人民检察院备案

笔记区

35. 什么是举证期限？应当在多长时间内提供证据？

案例

2021年1月，A公司采购部经理张某与饮水公司签订合同，约定饮水公司于每星期一向张某指定的地点提供15L装饮用水500桶，结算方式为每月的第一个星期一交纳当月购水款15,000元，由送水员代收。2021年3月的第一个星期一，张某因事出差，未将购水款交给送水员，张某出差回来后也忘记交纳购水款。直到3月的第三个星期一才将当月购水款15,000元补交给送水员，第二天，送水员交给张某一张附有财务人员签字的收据。后来，张某多次催促饮水公司送水，但饮水公司以未收到购水款为由拒绝送水。张某将饮水公司起诉至法院，请求返还购水款15,000元。张某在法院确定的举证期限（15日）内提供的证据有购水合同、3月的收据。由于当时的送水员正处于集中隔离期间，无法按期提供证人证言，而张某未在举证期限届满前向人民法院提出“延长举证期限”的书面申请。饮水公司主张，张某未按时交纳购水款，合同已经解除。在诉讼中，饮水公司为了拖延诉讼进程，故意逾期向法院提供“合同解除通知单”副本。

笔记区

法律分析

举证期限，是指当事人向人民法院履行提供证据责任的期间。在举证期限内，当事人应当向人民法院提交证据材料；当事人在举证期限内不提交证据的，视为放弃举证权利。规定举证期限是为了达到庭前固定争议点、固定证据的目的，以克服“证据随时提出”的弊端。

人民法院应当在审理前的准备阶段确定当事人的举证期限。举证期限可以由当事人协商，并经人民法院准许。人民法院确定举证期限的，第一审普通程序案件不得少于15日，当事人提供新的证据的第二审案件不得少于10日。举证期限届满后，当事人对已经提供的证据，申请提供反驳证据或者对证据来源、形式等方面的瑕疵进行补正的，人民法院可以酌情再次确定举证期限，该期限不受前述规定的限制。

当事人申请延长举证期限的，应当在举证期限届满前向人民法院提出书面申请。如果当事人未申请延长举证期限而逾期提供证据，则人民法院应当责令其说明理由，必要时可以要求其提供相应的证据。当事人因客观原因逾期提供证据，或者对方当事人对逾期提供证据未提出异议的，视为未逾期。当事人因故意或者重大过失逾期提供的证据，人民法院不予采纳。但该证据与案件基本事实有关的，人民法院应当采纳，并依照《中华人民共和国民事诉讼法》第68条、第118条第1款的规定予以训诫、罚款。当事人非因故意或者重大过失逾期提供的证据，人民法院应当采纳，并对当事人予以训诫。

在本案中，张某因客观原因逾期提供证据，视为未逾期。饮水公司虽故意逾期提供证据，但该证据与案件基本事实有关，人民法院应当采纳，并依法对饮水公司予以训诫、罚款。

知识链接

最高人民法院《关于适用〈中华人民共和国民事诉讼法〉的解释》第一百条 当事人申请延长举证期限的，应当在举证期限届满前向人民法院提出书面申请。

申请理由成立的，人民法院应当准许，适当延长举证期限，并通知其他当事人。延长的举证期限适用于其他当事人。

申请理由不成立的，人民法院不予准许，并通知申请人。

纠纷解决技巧

举证期限可以由当事人协商，并经人民法院准许，也可以由人民法院确定。人民法院指定举证期限的，适用第一审普通程序审理的案件的举证期限不得少于15日，当

笔记区

事人提供新的证据的第二审案件不得少于 10 日。适用简易程序审理的案件的举证期限不得超过 15 日，小额诉讼案件的举证期限一般不得超过 7 日。当事人如果不能在该期限内提供证据，应当在举证期限届满前向人民法院提出延长举证期限的书面申请。

试题

下列关于当事人逾期提供证据的情形，法院的做法错误的是（　　）。①

A. 当事人逾期提供证据的，人民法院应当责令其说明理由，必要时可以要求其提供相应的证据

B. 当事人因客观原因逾期提供证据的，视为未逾期

C. 当事人因故意或者重大过失逾期提供的证据，即使该证据与案件基本事实有关，人民法院仍不予采纳

D. 当事人非因故意或者重大过失逾期提供的证据，人民法院应当采纳，并对当事人予以训诫

① 答案：C。

笔记区

▶ 36. 什么是庭前会议？庭前会议都做些什么？

案例

原告的近亲属赵某因头痛恶心到被告A医院就诊。治疗过程中，赵某病情危重，经沟通，家属要求出院，出院后赵某于当日在家中死亡。后经鉴定，A医院对赵某的诊疗行为存在医疗过错。原告为此起诉至法院要求被告赔偿各项损失共计27万元。该案件在诉前调解阶段，双方当事人意见分歧比较大，无法达成一致。负责此案件的刘法官团队在仔细查阅卷宗后，认为如果按照传统的审判模式，证据交换、质证会占据庭审的一多半时间，且该案可能遇到变更诉讼主体的情况，庭审无法如期进行，造成案件无法如期审结。在该案开庭前，刘法官团队组织双方召开庭前会议，通过庭前会议组织原告、被告进行证据交换，对案件情况作了深入探讨，明确审理范围，确定案件争议焦点。后期庭审质效高，诉讼各方均表示满意。

法律分析

在民事诉讼中，如果案情比较简单，则双方交换证据的程序会安排在庭审过程中；如果案件复杂，则法院通常会安排庭前会议，提前做好审理前的准备工作。庭前会议

笔记区

制度是贯彻落实案件繁简分流机制改革的一项重要举措，对提高复杂案件一次庭审率、加速案件快速办理具有重要意义。

在本案中，医患纠纷案情复杂、双方争议焦点不够明确，由法院组织展开庭前会议，可以促使原告和被告双方在开庭审理前明确诉讼请求和答辩意见，交换证据，归纳争议焦点。一般而言，双方当事人在庭审开始前都会对自己的证据和意见有所保留，当然也不排除一些客观情况所导致的变化。因此，为了正式开庭时更加顺利，法院通常会在庭前会议中了解当事人是否增加、变更诉讼请求，或者是否有反诉、第三人之诉等情况。如果在庭审过程中，当事人提出需要采取证据保全、鉴定、调查取证等要求，则可能影响法官的思路和庭审效率；因此，法官会在庭前会议上询问当事人是否提出该类请求，以便尽早安排。对于较复杂的案件，因涉及的证据数量和种类比较多，在庭审过程中，安排双方举证质证就会影响庭审时间。因此，对于比较复杂的案件，通常会在庭前会议中组织当事人交换证据。在庭前会议中，书记员和法官了解当事人诉求和案件基本情况后，就会对案件的争议焦点有整体的归纳和概括，有利于法官对案件事实的准确判断。经书记员和法官审查当事人情况后，如果发现当事人之间有调解或者和解的可能，可以尽早安排当事人进行调解或和解，便于案件的妥善解决。

知识链接

《中华人民共和国民事诉讼法》第一百三十六条 人民法院对受理的案件，分别情形，予以处理：

（一）当事人没有争议，符合督促程序规定条件的，可以转入督促程序；

（二）开庭前可以调解的，采取调解方式及时解决纠纷；

（三）根据案件情况，确定适用简易程序或者普通程序；

（四）需要开庭审理的，通过要求当事人交换证据等方式，明确争议焦点。

最高人民法院《关于适用〈中华人民共和国民事诉讼法〉的解释》第二百二十五条 根据案件具体情况，庭前会议可以包括下列内容：

（一）明确原告的诉讼请求和被告的答辩意见；

（二）审查处理当事人增加、变更诉讼请求的申请和提出的反诉，以及第三人提出的与本案有关的诉讼请求；

（三）根据当事人的申请决定调查收集证据，委托鉴定，要求当事人提供证据，进行勘验，进行证据保全；

（四）组织交换证据；

（五）归纳争议焦点；

（六）进行调解。

笔记区

纠纷解决技巧

当事人应当积极参与庭前会议，以便在开庭审理前充分了解对方的主张和依据，从而进行充分的准备。对于很多重大、复杂案件，或者是当事人数量较多、证据较多的案件，可以在庭前会议中进行证据交换，明确争议焦点，将双方无异议的事实予以确认。开庭时，仅集中对有异议的部分进行调查和辩论，可以保证庭审的顺畅、高效，提高诉讼效率。在有效的庭前会议中，互相知悉对方的诉讼立场和证据的分量，便于当事人双方从理性的角度重新考虑和审视诉讼纠纷，易于在正式庭审前达成共识或取得某种程度上的妥协和谅解。

试题

根据《中华人民共和国民事诉讼法》的规定，庭前会议不包括下列哪一项内容？（　　）①

A. 明确原告的诉讼请求和被告的答辩意见

B. 审查处理当事人提出的反诉

C. 进行调解

D. 审查当事人提出的管辖权异议

① 答案：D。

笔记区

37. 什么是妨害民事诉讼的行为?

案例

2022 年 3 月,金某起诉张某,要求张某偿还借款。在开庭当天,金某和张某在庭审时发生扭打。旁听人员陈某冲进审判区殴打张某,后又和徐某对张某实施围殴,造成张某脸部被抓伤,部分头发也被扯掉。

经查,被告张某自称其有渠道进行高回报的投资项目,邀请周围的朋友一起参与。原告金某和金某的朋友陈某、徐某都在被告张某处进行了投资。后来由于投资失败引发诉讼。法院认为,当事人金某、张某及案外人陈某、徐某在法庭上互相扭打的行为,严重扰乱了法庭秩序。据此,法院依法作出对金某拘留 7 日、对张某拘留 5 日、对陈某拘留 10 日、对徐某罚款 1 万元的处理决定。

法律分析

妨害民事诉讼的行为,是指诉讼参与人和其他人在民事诉讼过程中,故意干扰、破坏诉讼秩序,阻碍诉讼活动正常进行的违法行为。构成妨害民事诉讼行为的条件如下:(1)必须有妨害民事诉讼行为的发生(包括作为和不作为),并在客观上妨碍了诉讼的进行;(2)必须是在诉讼过

笔记区

程中实施的行为;(3)必须是出于行为人的主观故意;(4)必须是足以妨害民事诉讼进行,而又尚未构成犯罪的行为。

根据《中华人民共和国民事诉讼法》和最高人民法院《关于适用〈中华人民共和国民事诉讼法〉的解释》的规定,妨害民事诉讼行为有以下几种:(1)必须到庭的被告,经两次传票传唤,无正当理由拒不到庭;(2)违反法庭规则、扰乱法庭秩序;(3)妨害诉讼证据的收集、调查和阻拦、干扰诉讼进行;(4)当事人之间恶意串通,企图通过诉讼、调解等方式侵害他人合法权益,逃避履行法律文书确定的义务;(5)有义务协助调查、执行的单位拒不履行协助义务。

知识链接

《中华人民共和国民事诉讼法》

第一百一十二条 人民法院对必须到庭的被告,经两次传票传唤,无正当理由拒不到庭的,可以拘传。

第一百一十四条 诉讼参与人或者其他人有下列行为之一的,人民法院可以根据情节轻重予以罚款、拘留;构成犯罪的,依法追究刑事责任:

(一)伪造、毁灭重要证据,妨碍人民法院审理案件的;

(二)以暴力、威胁、贿买方法阻止证人作证或者指使、

贿买、胁迫他人作伪证的;

(三)隐藏、转移、变卖、毁损已被查封、扣押的财产,或者已被清点并责令其保管的财产,转移已被冻结的财产的;

(四)对司法工作人员、诉讼参加人、证人、翻译人员、鉴定人、勘验人、协助执行的人,进行侮辱、诽谤、诬陷、殴打或者打击报复的;

(五)以暴力、威胁或者其他方法阻碍司法工作人员执行职务的;

(六)拒不履行人民法院已经发生法律效力的判决、裁定的。

人民法院对有前款规定的行为之一的单位,可以对其主要负责人或者直接责任人员予以罚款、拘留;构成犯罪的,依法追究刑事责任。

纠纷解决技巧

诉讼参与人和其他人在参加民事诉讼活动时,一定要遵法守法,遵守诚实信用原则,诚实善意地行使诉讼权利和履行义务,就案件事实向人民法院作真实、完整的陈述,否则将会受到法律的制裁。

笔记区

试题

下列各项中，哪一项不属于妨害民事诉讼的行为？(　　)[1]

A. 必须到庭的被告经一次传票传唤，无正当理由拒不到庭

B. 伪造、毁灭重要证据，妨碍人民法院审理案件

C. 当事人之间恶意串通，企图通过诉讼、调解等方式侵害他人合法权益

D. 未经准许进行录音、录像、摄影的

① 答案：A。

笔记区

38. 法院会用什么措施应对妨害民事诉讼的行为?

案例

2019年7月,王某到程某经营的某服务站工作,未与服务站签订书面劳动合同。2019年7月至2021年6月,程某按照双方约定按时发放工资,但自2021年7月起程某开始拖欠工资。王某向法院提起诉讼,要求程某支付拖欠的工资85,224元、双倍工资差额88,000元、经济补偿金23,306元。王某向人民法院提供了工资表、考勤表等证据,证明其向程某提供了劳动的事实。程某主张,王某提供的考勤表有伪造嫌疑,向人民法院申请对工资表、考勤表的形成时间进行鉴定。

经人民法院核实查明,王某向人民法院提交的工资表、考勤表均系伪造。在证据面前,王某承认工资表、考勤表系其自行伪造。人民法院对王某伪造证据妨害民事诉讼的行为作出了罚款2000元的决定。

法律分析

对妨害民事诉讼的强制措施,是指在民事诉讼活动中,为了排除干扰,维护正常的诉讼秩序,保障民事诉讼和

笔记区

执行活动顺利进行,对有实施妨害民事诉讼秩序行为的人所采取的具有制裁性质的强制手段。根据《中华人民共和国民事诉讼法》的规定,对妨害民事诉讼采取的强制措施有以下五种类型:拘传、训诫、责令退出法庭、罚款、拘留。

除上述强制措施外,《中华人民共和国民事诉讼法》还规定,妨害民事诉讼行为情节特别严重,构成犯罪的,依法追究其刑事责任。

知识链接

《中华人民共和国民事诉讼法》第一百一十八条 对个人的罚款金额,为人民币十万元以下。对单位的罚款金额,为人民币五万元以上一百万元以下。

拘留的期限,为十五日以下。

被拘留的人,由人民法院交公安机关看管。在拘留期间,被拘留人承认并改正错误的,人民法院可以决定提前解除拘留。

最高人民法院《关于适用〈中华人民共和国民事诉讼法〉的解释》

第一百八十七条 民事诉讼法第一百一十四条第一款第五项规定的以暴力、威胁或者其他方法阻碍司法工作人员执行职务的行为,包括:

(一)在人民法院哄闹、滞留,不听从司法工作人员劝

笔记区

阻的；

（二）故意毁损、抢夺人民法院法律文书、查封标志的；

（三）哄闹、冲击执行公务现场，围困、扣押执行或者协助执行公务人员的；

（四）毁损、抢夺、扣留案件材料、执行公务车辆、其他执行公务器械、执行公务人员服装和执行公务证件的；

（五）以暴力、威胁或者其他方法阻碍司法工作人员查询、查封、扣押、冻结、划拨、拍卖、变卖财产的；

（六）以暴力、威胁或者其他方法阻碍司法工作人员执行职务的其他行为。

第一百八十八条 民事诉讼法第一百一十四条第一款第六项规定的拒不履行人民法院已经发生法律效力的判决、裁定的行为，包括：

（一）在法律文书发生法律效力后隐藏、转移、变卖、毁损财产或者无偿转让财产、以明显不合理的价格交易财产、放弃到期债权、无偿为他人提供担保等，致使人民法院无法执行的；

（二）隐藏、转移、毁损或者未经人民法院允许处分已向人民法院提供担保的财产的；

（三）违反人民法院限制高消费令进行消费的；

（四）有履行能力而拒不按照人民法院执行通知履行生效法律文书确定的义务的；

笔记区

（五）有义务协助执行的个人接到人民法院协助执行通知书后，拒不协助执行的。

纠纷解决技巧

诉讼参与人和其他人在参加民事诉讼活动时，一定要遵守法庭秩序、服从法官劝导、尊重对方当事人和代理律师，保障审判活动正常有序开展。同时，在参与诉讼活动时，也要注意增强自身安全防范意识，维护自身合法权益。

试题

下列各项中，不属于对妨害民事诉讼采取的强制措施的是（　　）。[①]

A. 罚款

B. 拘传

C. 拘留

D. 拘役

① 答案：D。

笔记区

▶ 39. 行政拘留、司法拘留与刑事拘留有什么区别?

案例

2022年3月1日,A小区居民张某与靳某夫妻二人违反疫情防控相关规定,擅自从管控区翻越围挡外出,被警方及时查获。公安机关依法分别对张某与靳某予以行政拘留5日处罚。3月15日,A小区解封后,张某和靳某来到当地人民法院旁听某民事案件的公开审理。在庭审结束后,张某和靳某以对被告委托代理人发言不满为由,滞留法庭并谩骂被告代理人。其间,靳某突然冲入法庭,将其从法庭门口花盆中拿的石头直接扔向案件被告代理人,同时砸到书记员。经人民法院院长批准,对靳某作出拘留10日的决定,由司法警察将其送交当地公安机关看管。

张某因靳某被司法拘留一事怀恨在心,于3月20日再次来到法院,欲对上次庭审的审判长行刺。在安检过程中,安检人员检测出张某携带刀具,张某趁其不备,持刀刺向安检人员,致其重伤。公安机关对现行犯张某依法刑事拘留。

法律分析

行政拘留,是指公安机关对违反治安管理规定的行为

笔记区

人依法采取的在一定时间内将其拘禁留置于法定处所，剥夺其人身自由的行政处罚措施，适用的法律依据通常是《中华人民共和国治安管理处罚法》及其他的行政法律法规。

刑事拘留，是指公安机关根据《中华人民共和国刑事诉讼法》的规定，为了防止现行犯或者重大嫌疑分子逃跑、自杀、毁灭证据或者行凶报复，在来不及办理逮捕手续的紧急情况下，对其采取的临时限制人身自由的强制措施。这种措施不具有任何处罚的性质，但拘留期间可折抵相应的刑期。

司法拘留是人民法院对妨害刑事诉讼、民事诉讼、行政诉讼行为严重的人，在一定期间内限制其人身自由的强制措施，分别适用《中华人民共和国刑事诉讼法》《中华人民共和国民事诉讼法》《中华人民共和国行政诉讼法》的相关规定。适用司法拘留必须经院长批准，并使用决定书。

知识链接

《中华人民共和国治安管理处罚法》

第十条 治安管理处罚的种类分为：

（一）警告；

（二）罚款；

（三）行政拘留；

（四）吊销公安机关发放的许可证。

笔记区

对违反治安管理的外国人,可以附加适用限期出境或者驱逐出境。

第一百零三条 对被决定给予行政拘留处罚的人,由作出决定的公安机关送达拘留所执行。

《中华人民共和国民事诉讼法》第一百一十三条 诉讼参与人和其他人应当遵守法庭规则。

人民法院对违反法庭规则的人,可以予以训诫,责令退出法庭或者予以罚款、拘留。

人民法院对哄闹、冲击法庭,侮辱、诽谤、威胁、殴打审判人员,严重扰乱法庭秩序的人,依法追究刑事责任;情节较轻的,予以罚款、拘留。

《中华人民共和国刑事诉讼法》第八十二条 公安机关对于现行犯或者重大嫌疑分子,如果有下列情形之一的,可以先行拘留:

(一)正在预备犯罪、实行犯罪或者在犯罪后即时被发觉的;

(二)被害人或者在场亲眼看见的人指认他犯罪的;

(三)在身边或者住处发现有犯罪证据的;

(四)犯罪后企图自杀、逃跑或者在逃的;

(五)有毁灭、伪造证据或者串供可能的;

(六)不讲真实姓名、住址,身份不明的;

(七)有流窜作案、多次作案、结伙作案重大嫌疑的。

笔记区

纠纷解决技巧

在日常生活中,每一位公民都要遵纪守法。行政拘留和司法拘留是一种处罚方式,对给予行政拘留和司法拘留处罚的人员,有公职和党籍的,应当告知其所在单位和党组织,然后根据相关规定进行处理。从党员违纪处理方面讲,对被给予行政拘留处罚的党员要依据《党员纪律处分条例》进行党纪处理,视情况给予警告或严重警告处分。刑事拘留则意味着已经进入刑事司法程序,根据案件情况,人民法院作出有罪判决,处以拘役以上刑罚的,党员会被开除党籍,公职人员会被开除公职。

试题

关于行政拘留、司法拘留与刑事拘留,下列说法错误的是(　　)。①

A. 行政拘留是治安管理处罚的方式之一

B. 司法拘留的期限为 15 日

C. 刑事拘留后,应当立即将被拘留人送看守所羁押,至迟不得超过 24 小时

D. 公安机关对被刑事拘留的人,应当在拘留后的 48 小时以内进行讯问

---

① 答案:D。

笔记区

▶ 40. 什么是申请回避？什么情况可以申请回避？

案例

某健身公司与某物业管理公司签订了房屋租赁合同，双方由于合同履行事宜产生纠纷，协商未果。该物业管理公司向法院提起诉讼，请求解除与该健身公司之间的房屋租赁合同，并要求该健身公司腾退房屋。该案适用简易程序，由审判员钱某独任审理。审理过程中，由于涉及现场财产问题，审判员钱某组织双方当事人查看租赁场地、清点财物。案件审理期间，审判员钱某多次提示该物业管理公司增加诉讼请求，公然偏袒该物业管理公司，无视该健身公司的合法要求。开庭结束后，该健身公司发现审判员钱某接受该物业管理公司宴请，于是根据《中华人民共和国民事诉讼法》的规定，申请该审判员回避。

法律分析

申请回避，是指应当回避的人员具有法定的回避情形却没有自行回避时，当事人及其诉讼代理人有权向人民法院提出申请，要求其回避。申请回避权是法律赋予当事人及其诉讼代理人的重要诉讼权利之一；人民法院有义务在开庭时按照法定程序告知当事人及其诉讼代理人该案的

笔记区

审判组织情况和他们享有申请回避的权利，并询问当事人及其诉讼代理人是否申请回避。

根据《中华人民共和国民事诉讼法》第47条的规定，审判人员、书记员、翻译人员、鉴定人和勘验人有下列情形之一的，应当自行回避：(1)是本案的当事人或者当事人、诉讼代理人的近亲属的。(2)与本案有利害关系的。(3)与本案当事人、诉讼代理人有其他关系，可能影响对案件公正审理的。

从理论上说，适用回避制度的人员是在审判活动中具有一定审判职能或代行某种职能的人，上述人员中的书记员、翻译人员、鉴定人和勘验人，虽非审判人员，但都担当或执行本案有关任务，参与案件审判，为确保审判公正，具有法定情形的，也应回避。

知识链接

《中华人民共和国民事诉讼法》

第十条 人民法院审理民事案件，依照法律规定实行合议、回避、公开审判和两审终审制度。

第四十八条第一款 当事人提出回避申请，应当说明理由，在案件开始审理时提出；回避事由在案件开始审理后知道的，也可以在法庭辩论终结前提出。

纠纷解决技巧

一般而言，当事人在限定时间内提出回避申请并说明

笔记区

理由的，被申请回避的人员即应暂时停止审理或参与本案的工作，以待人民法院作出是否回避的决定。但也不能一概而论，有的案件需要被申请回避的人员采取紧急措施，若因当事人申请其回避而停止执行任务，会给案件的审理和执行带来难以弥补的损失。在这种情况下，被申请回避的人员仍应及时采取措施，但本案其他工作必须暂停。例如，在有的财产案件中，当事人要转移争议的标的物，亟须采取查封、扣押等保全措施，即使当事人提出回避申请，审判人员仍应履行职责，迅速果断地采取措施。

试题

下列关于申请回避的说法，错误的是（　　）。[①]

A. 审判人员是本案诉讼代理人近亲属的，应当自行回避

B. 翻译人员与本案有利害关系的，当事人有权申请其回避

C. 审判人员接受当事人、诉讼代理人请客送礼，当事人有权要求其回避

D. 鉴定人不适用《中华人民共和国民事诉讼法》关于回避的规定

---

① 答案：D。

笔记区

▶ 41. 什么是民事反诉？什么情况下可以提出反诉？

案例

2020年1月，张某与钱某签订了房屋租赁合同，约定每月租金20,000元，租期5年，每月月底前付清当月租金。2020年5月，该地区实行旧城改造，市政府给予张某一定的经济补偿，张某同意在当年9月前完成房屋搬迁。根据租赁合同约定，张某应当在房屋搬迁前1个月告知钱某。但是，张某因疏忽，未将房屋即将拆除的消息告知钱某。2020年8月底，钱某未支付当月租金。经张某多次催要，钱某都不予支付租金。于是，张某向当地基层人民法院起诉，要求钱某支付1个月的租金20,000元。钱某则认为，张某违反了租赁合同约定，未履行提前1个月的告知义务，使自己当月购入的50,000元商品无法继续销售，只能降价20,000元作清仓处理。同时，由于房屋拆除，冰柜等设备被雨淋水泡而产生15,000元的损失。钱某欲通过反诉，要求张某赔偿35,000元的损失。

法律分析

反诉，是指在正在进行的诉讼中，本诉的被告以本诉的原告为被告提起的诉讼。本诉的原告在反诉中称为“反诉被告”，本诉的被告称为“反诉原告”。反诉的制度目的在于，通过反诉与本诉合并审理，减少当事人的讼累，降低诉讼成本，便于判决的执行。

提起反诉须满足一定的要件，否则法院将予以驳回。具体要件为：

（1）提起反诉的时间必须是法院立案受理后一审法庭辩论终结前。如果本诉尚未开始或本诉一审法庭辩论已经终结，则被告不可能提起反诉。如果被告在符合提起反诉的时间内提起了反诉，即使后来原告撤回本诉，反诉也不受其影响，仍然独立存在。（2）反诉不属于其他人民法院专属管辖。（3）反诉能够与本诉适用同一程序。（4）反诉请求与本诉请求具有牵连。（5）反诉须由被告向本诉原告提起。

本案中，钱某提出赔偿35,000元的请求，与张某提出支付20,000元的请求是基于同一法律关系，可以在一审法庭辩论终结前提起反诉。

知识链接

《中华人民共和国民事诉讼法》

第五十四条　原告可以放弃或者变更诉讼请求。被告可以承认或者反驳诉讼请求，有权提起反诉。

笔记区

第一百四十三条 原告增加诉讼请求，被告提出反诉，第三人提出与本案有关的诉讼请求，可以合并审理。

第一百六十六条 人民法院审理下列民事案件，不适用小额诉讼的程序：

（一）人身关系、财产确权案件；

（二）涉外案件；

（三）需要评估、鉴定或者对诉前评估、鉴定结果有异议的案件；

（四）一方当事人下落不明的案件；

（五）当事人提出反诉的案件；

（六）其他不宜适用小额诉讼的程序审理的案件。

最高人民法院《关于适用〈中华人民共和国民事诉讼法〉的解释》

第二百三十二条 在案件受理后，法庭辩论结束前，原告增加诉讼请求，被告提出反诉，第三人提出与本案有关的诉讼请求，可以合并审理的，人民法院应当合并审理。

第二百三十三条 反诉的当事人应当限于本诉的当事人的范围。

反诉与本诉的诉讼请求基于相同法律关系、诉讼请求之间具有因果关系，或者反诉与本诉的诉讼请求基于相同事实的，人民法院应当合并审理。

反诉应由其他人民法院专属管辖，或者与本诉的诉讼标的及诉讼请求所依据的事实、理由无关联的，裁定不予受理，告知另行起诉。

笔记区

第二百三十九条 人民法院准许本诉原告撤诉的，应当对反诉继续审理；被告申请撤回反诉的，人民法院应予准许。

纠纷解决技巧

反诉作为一种诉，在程序上与本诉的提起是相同的。提起反诉同样必须符合起诉的条件。提起反诉，须在本诉受理以后，法庭辩论终结之前。反诉也同样要预交案件受理费，但诉讼标的相同的应不再就反诉收取案件受理费。

试题

下列关于反诉的说法，正确的是（　　）。①

A. 本诉的原告和被告均可以提起反诉

B. 反诉与本诉必须适用同一种诉讼程序

C. 反诉必须在答辩期届满前提出

D. 当事人提出反诉的案件可以适用小额诉讼的程序

① 答案：B。

笔记区

42. 什么是强制执行？可以去哪里申请强制执行？

案例

2020年9月，李某（卖方）、张某（买方）、某房产经纪有限公司共同签订了A县某小区二手房房屋买卖合同及购房定金收条（补充协议）各一份，约定张某支付1万元给李某作为买房定金，如买方不买房屋则定金不退，卖方不卖房屋则双倍返还定金，某房产经纪有限公司的中介费在卖方定金中收取。后张某放弃购买房屋，并同意将1万元定金作为赔偿。李某以某房产经纪有限公司未最终促成房屋买卖交易为由拒绝支付中介费，某房产经纪有限公司向A县人民法院提起诉讼，主张李某应按照约定支付中介费5000元，A县人民法院一审判决李某支付某房产经纪有限公司中介费3600元。宣判后，双方当事人均未上诉。2020年12月1日，某房产经纪有限公司向A县人民法院申请强制执行。A县人民法院向李某发出执行通知书后，李某未按照执行通知书规定的时间履行义务。A县人民法院依法冻结了李某的银行账户，并在该账户新汇入的款项中将执行款一次性全部扣划，交付给某房产经纪有限公司。

笔记区

法律分析

强制执行，是指人民法院依照法定程序，对生效法律文书确定的内容，运用国家强制力，依法采取执行措施，强制负有义务的当事人履行义务的行为。如果一方当事人在法定期限内拒不履行义务，对方当事人可以向人民法院提出强制执行申请。

当事人向人民法院申请执行，必须符合以下条件：(1)据以申请执行的法律文书已经发生法律效力，并且有执行内容。(2)法律文书规定的履行义务期限已经届满，义务人仍未履行义务。(3)必须在规定的申请执行期限内提出申请。(4)应向有管辖权的人民法院申请。

法律规定由人民法院执行的其他法律文书，由被执行人住所地或者被执行的财产所在地人民法院执行。人民法院收到案件后，在7日内立案审查。符合条件的，立案受理并移送执行机构；不符合条件的，在7日内裁定不予受理。

知识链接

《中华人民共和国民事诉讼法》

第二百三十一条 发生法律效力的民事判决、裁定，以及刑事判决、裁定中的财产部分，由第一审人民法院或者与第一审人民法院同级的被执行的财产所在地人民法

笔记区

院执行。

法律规定由人民法院执行的其他法律文书，由被执行人住所地或者被执行的财产所在地人民法院执行。

第二百四十三条 发生法律效力的民事判决、裁定，当事人必须履行。一方拒绝履行的，对方当事人可以向人民法院申请执行，也可以由审判员移送执行员执行。

调解书和其他应当由人民法院执行的法律文书，当事人必须履行。一方拒绝履行的，对方当事人可以向人民法院申请执行。

第二百四十六条 申请执行的期间为二年。申请执行时效的中止、中断，适用法律有关诉讼时效中止、中断的规定。

前款规定的期间，从法律文书规定履行期间的最后一日起计算；法律文书规定分期履行的，从最后一期履行期限届满之日起计算；法律文书未规定履行期间的，从法律文书生效之日起计算。

纠纷解决技巧

很多人在打赢官司后，面临被执行人“耍赖”的行为，此时可以向人民法院申请强制执行。须注意的是，申请执行的期间为2年，从法律文书规定履行期间的最后一日起计算；法律文书规定分期履行的，从最后一期履行期限届满之日起计算；法律文书未规定履行期间的，从法律文书生效之日起计算。如果超过期限，就丧失了申请执行的权利。

试题

下列关于强制执行的说法中，错误的是（　　）。[①]

A. 申请执行的期间为 2 年，从法律文书规定履行期间的最后一日起计算

B. 一方拒绝履行调解书的，对方当事人可以向人民法院申请执行

C. 申请执行时效的中止、中断，适用法律有关诉讼时效中止、中断的规定

D. 当事人只能向第一审人民法院申请执行

① 答案：D。

笔记区

▶ 43. 什么是民事诉讼简易程序？哪些案件可以适用简易程序？

案例

张某与刘某于2021年6月1日签订车辆买卖协议书，张某以316,000元的价格将车牌号“鲁A×××××”的车辆卖给刘某，并约定，刘某先将分期购车款每月按时偿还张某，张某再偿还分期车贷。自2021年8月18日起，刘某未再支付购车款。2021年11月18日，张某向当地基层人民法院提起诉讼，请求刘某偿付逾期（2021年8月18日至11月18日）分期购车款共计50,232.4元。法院对张某与刘某之间的法律关系进行梳理后，认为本案属于事实清楚、权利义务关系明确、争议不大的简单的民事案件，因此采用简易程序审理。

法律分析

民事诉讼中的简易程序，是指基层法院及其派出法庭审理“事实清楚、权利义务关系明确、争议不大的简单的民事案件”的诉讼程序。所谓“事实清楚”，是指当事人对争议的事实陈述基本一致，并能提供相应的证据，无须人民法院调查收集证据即可查明事实；“权利义务关系明确”，是指能明确区分谁是责任的承担者,谁是权利的享有者;"争议不大",是指当事人对案件的是非、责任承担以及诉讼标的争执无原则分歧。

简易程序便于当事人诉讼,也便于人民法院审理案件。简易程序的适用法院只限于基层人民法院及其派出法庭。

简单的民事案件由审判员一人独任审理,并不受《中华人民共和国民事诉讼法》第 139 条、第 141 条、第 144 条规定的限制。人民法院适用简易程序审理案件,应当在立案之日起 3 个月内审结。有特殊情况需要延长的,经本院院长批准,可以延长 1 个月。

知识链接

《中华人民共和国民事诉讼法》

第一百六十条 基层人民法院和它派出的法庭审理事实清楚、权利义务关系明确、争议不大的简单的民事案件,适用本章规定。

基层人民法院和它派出的法庭审理前款规定以外的民事案件,当事人双方也可以约定适用简易程序。

第一百六十二条 基层人民法院和它派出的法庭审理简单的民事案件,可以用简便方式传唤当事人和证人、送达诉讼文书、审理案件,但应当保障当事人陈述意见的

笔记区

权利。

第一百六十三条 简单的民事案件由审判员一人独任审理，并不受本法第一百三十九条、第一百四十一条、第一百四十四条规定的限制。

最高人民法院《关于适用〈中华人民共和国民事诉讼法〉的解释》第二百五十七条 下列案件，不适用简易程序：

（一）起诉时被告下落不明的；

（二）发回重审的；

（三）当事人一方人数众多的；

（四）适用审判监督程序的；

（五）涉及国家利益、社会公共利益的；

（六）第三人起诉请求改变或者撤销生效判决、裁定、调解书的；

（七）其他不宜适用简易程序的案件。

纠纷解决技巧

从纠纷的类型来看，对于数额相对不大、事实清楚、权利义务关系明确的案件，以简便、高效的简易程序予以解决，更利于当事人诉讼利益最大化，同时也会节约司法资源，实现有限司法资源最大限度上的优化配置。

试题

笔记区

下列说法中,关于民事诉讼简易程序的说法错误的是(　　)。[1]

A. 简易程序仅适用于基层法院及其派出法庭

B. 在简单的民事案件中,原告可以口头起诉

C. 适用审判监督程序的,也可以适用简易程序

D. 简单的民事案件由审判员一人独任审理

① 答案:C。

笔记区

44. 什么是小额诉讼程序？与普通程序有什么不同？

案例

2020年9月30日，吴某租赁王某的建筑搭架设备。使用结束后，经双方结算，吴某欠王某10,000元。2021年5月29日，吴某为王某出具一张10,000元的欠条。后经王某多次催要，吴某一直未还，王某诉至当地基层人民法院。在诉讼过程中，法院按照吴某填写的送达地址确认书，送达了相关法律文书。吴某本人未到庭参加诉讼，法院依法缺席审理，后通过邮寄送达方式，送达了裁判文书。吴某拒收，视为送达。法院作出终审判决：判令吴某于该判决生效后3日内给付王某租赁款10,000元。

法律分析

《中华人民共和国民事诉讼法》第165条规定："基层人民法院和它派出的法庭审理事实清楚、权利义务关系明确、争议不大的简单金钱给付民事案件，标的额为各省、自治区、直辖市上年度就业人员年平均工资百分之五十以下的，适用小额诉讼的程序审理，实行一审终审。基层人民法院和它派出的法庭审理前款规定的民事案件，标的额超

笔记区

过各省、自治区、直辖市上年度就业人员年平均工资百分之五十但在二倍以下的，当事人双方也可以约定适用小额诉讼的程序。”该条内容规定了诉讼标的额较小的简单民事案件的一审终审制度，应该说是民事诉讼制度的一大突破，也是2021年修订的《中华人民共和国民事诉讼法》的一大亮点。

中国的诉讼制度设计基础是两审终审制，民事诉讼也不例外；除了特别程序以外，一般的民事诉讼除调解撤诉或者服判的都要经过两级法院的审理才能终审。而小额诉讼程序的案件实行一审终审。根据《中华人民共和国民事诉讼法》第166条的规定，人民法院审理下列民事案件，不适用小额诉讼的程序：(1)人身关系、财产确权案件；(2)涉外案件；(3)需要评估、鉴定或者对诉前评估、鉴定结果有异议的案件；(4)一方当事人下落不明的案件；(5)当事人提出反诉的案件；(6)其他不宜适用小额诉讼的程序审理的案件。人民法院适用小额诉讼的程序审理案件，可以一次开庭审结并且当庭宣判。

知识链接

《中华人民共和国民事诉讼法》

第一百六十五条 基层人民法院和它派出的法庭审理事实清楚、权利义务关系明确、争议不大的简单金钱给

笔记区

付民事案件，标的额为各省、自治区、直辖市上年度就业人员年平均工资百分之五十以下的，适用小额诉讼的程序审理，实行一审终审。

基层人民法院和它派出的法庭审理前款规定的民事案件，标的额超过各省、自治区、直辖市上年度就业人员年平均工资百分之五十但在二倍以下的，当事人双方也可以约定适用小额诉讼的程序。

第一百六十六条 人民法院审理下列民事案件，不适用小额诉讼的程序：

（一）人身关系、财产确权案件；

（二）涉外案件；

（三）需要评估、鉴定或者对诉前评估、鉴定结果有异议的案件；

（四）一方当事人下落不明的案件；

（五）当事人提出反诉的案件；

（六）其他不宜适用小额诉讼的程序审理的案件。

纠纷解决技巧

实践中，需要注意对当事人不服小额诉讼裁判所提异议的处理。终审完结的案件，仍然有当事人不服裁判的情况；而小额诉讼一审终审，其公正性难免会受到质疑。因此，畅通司法救济途径更加必要。小额诉讼一审终审，裁判文书即属于生效法律文书；当事人对生效裁判文书提出异议，视为申诉，应该按照审判监督程序来解决，但不停止生效裁判文书的执行。裁判结果确有错误的，应该撤销原裁判，由审判监督庭进行再审。

笔记区

试题

下列说法中，关于小额诉讼程序的说法错误的是（　　）。①

A. 小额诉讼程序仅适用于基层法院及其派出法庭

B. 当事人提出反诉的案件，不适用小额诉讼程序

C. 适用小额诉讼的程序审理的案件，实行一审终审制

D. 对小额诉讼程序作出的一审判决可以上诉

---

① 答案：D。

笔记区

45. 什么是共同诉讼？什么情况下适用共同诉讼？

案例

2020年11月29日，王某将其所有的房屋以410万元的价格出卖给郑某，双方约定：合同订立当日，郑某先付款123.5万元；其余的286.5万元购房款由郑某在一年内分两次付清，并由卢某提供连带责任保证。截至2021年12月20日，郑某仍有50万元购房款未支付，于是王某向法院起诉，请求判令连带责任保证人卢某清偿50万元购房款，但并未将郑某列为共同被告。开庭审理时，卢某、赵某主张本案漏列当事人，申请追加主债务人郑某为共同被告，但债权人王某以法律规定连带责任保证中可以单独起诉保证人为由不同意追加主债务人郑某为共同被告。

法律分析

共同诉讼，是指当事人一方或双方为两人（含两人）以上的诉讼。《中华人民共和国民事诉讼法》规定，共同诉讼分为必要共同诉讼和普通共同诉讼两种类型。必要共同诉讼，是指当事人一方或者双方为两人以上，诉讼标的是共同的，人民法院必须作为一个案件合并审理的共同诉讼。必要共同诉讼人之间的关系为，一人的诉讼行为经其他共同诉讼人承认，对其他共同诉讼人生效。这是因为必要共同诉讼中共同诉讼人与对方当事人之间只有一个诉讼标的，所以共同诉讼人内部之间的行为会有一定的相互影响。

普通共同诉讼，是指当事人一方或者双方在两人以上，诉讼标的属于同一种类，人民法院认为可以合并审理的，当事人也同意共同审理的共同诉讼。普通共同诉讼是一种可分之诉。各种共同诉讼人之间行为相互独立，对其他共同诉讼人没有效力。由于普通共同诉讼中，共同诉讼人与对方当事人之间存在若干个独立的诉讼标的，案件是若干个独立的诉；所以各共同诉讼人也是相互独立的。通俗地说，官司是自己打自己的，各自互不影响。

在本案中，保证合同纠纷应定性为必要共同诉讼。对于保证合同纠纷，如果不追加主债务人为被告参加诉讼，那么主合同的签订及履行、合同效力等问题对于保证人而言是消极事实，将举证责任分配给保证人也不合理。另外，将保证合同纠纷作为必要共同诉讼，还可以节约诉讼资源，减少当事人诉累。因此，只要保证人申请追加主债务人参加诉讼，人民法院就应当追加其作为被告参加诉讼，以便查明案件事实。

笔记区

知识链接

《中华人民共和国民事诉讼法》第五十五条 当事人一方或者双方为二人以上，其诉讼标的是共同的，或者诉讼标的是同一种类、人民法院认为可以合并审理并经当事人同意的，为共同诉讼。

共同诉讼的一方当事人对诉讼标的有共同权利义务的，其中一人的诉讼行为经其他共同诉讼人承认，对其他共同诉讼人发生效力；对诉讼标的没有共同权利义务的，其中一人的诉讼行为对其他共同诉讼人不发生效力。

最高人民法院《关于适用〈中华人民共和国民事诉讼法〉的解释》

第七十三条 必须共同进行诉讼的当事人没有参加诉讼的，人民法院应当依照民事诉讼法第一百三十五条的规定，通知其参加；当事人也可以向人民法院申请追加。人民法院对当事人提出的申请，应当进行审查，申请理由不成立的，裁定驳回；申请理由成立的，书面通知被追加的当事人参加诉讼。

第七十四条 人民法院追加共同诉讼的当事人时，应当通知其他当事人。应当追加的原告，已明确表示放弃实体权利的，可不予追加；既不愿意参加诉讼，又不放弃实体权利的，仍应追加为共同原告，其不参加诉讼，不影响人民法院对案件的审理和依法作出判决。

笔记区

纠纷解决技巧

共同诉讼属于诉的合并；其意义在于简化诉讼程序，避免法院在同一事件的处理上作出矛盾的判决。必须共同进行诉讼的当事人没有参加诉讼的，人民法院应当通知其参加；当事人也可以向人民法院申请追加。

试题

下列说法中，关于共同诉讼的说法错误的是（　　）。①

A. 在继承遗产的诉讼中，部分继承人起诉的，人民法院应通知其他继承人作为共同原告参加诉讼

B. 被通知的继承人不愿意参加诉讼又未明确表示放弃实体权利的，人民法院无须将其列为共同原告

C. 必须共同进行诉讼的当事人没有参加诉讼的，当事人可以向人民法院申请追加

D. 既不愿意参加诉讼，又不放弃实体权利的，仍应追加为共同原告

① 答案：B。

笔记区

▶ 46. 什么是证据？证据有哪些类型？

案例

小王和小李是邻居，都长期在外打工赚钱，只有过年才回村。小王看到政府宣传“县域智慧物流+”计划，鼓励返乡青年加入农村电商的创业大潮，于是决定留在村里种植绿色农产品。在和小李喝酒时，小王提到自己的创业计划，询问小李能否借1万元作为启动资金。小李同意帮小王一把，于是拿出1万元现金交给小王。小王非常感激，表示明年小李过年回家时将1万元还给他。小李的老婆小刘担心万一小王创业失败还不起钱，或者完全不承认借过钱，那该怎么办？假如以后起诉到人民法院，又有什么可以证明存在这笔借款？

法律分析

现实生活中，熟人之间借钱帮忙的行为非常普遍，但往往碍于面子不会写借条。如果发生纠纷后想起诉到人民法院，人民法院首先得认定存在借款事实，而事实又必须由一定的证据来证明。那么，民事诉讼中的证据是什么？简单地说，民事诉讼中的证据，就是在民事诉讼中能够证明案件真实情况的各种资料。《中华人民共和国民事诉讼法》第66条规定了8种证据类型，包括：(1)当事人的陈述；(2)书证；(3)物证；(4)视听资料；(5)电子数据；(6)证人证言；(7)鉴定意见；(8)勘验笔录。在本案中，即使没有其他证据，小李在法庭上向法官陈述借钱的过程，就属于当事人陈述。如果是小刘来陈述借钱的事实，则属于证人证言。当然，证据要被法院查证属实才能作为定案依据，当事人陈述和证人证言被法官认可的可能性比较低。如果日常生活中有借款行为，应写张借条(属于书证)，而且优先用微信、支付宝、电子银行等方式转账(属于电子数据)。

知识链接

《中华人民共和国民事诉讼法》

第七条 人民法院审理民事案件，必须以事实为根据，以法律为准绳。

第六十六条 证据包括：

(一)当事人的陈述；

(二)书证；

(三)物证；

(四)视听资料；

(五)电子数据；

(六)证人证言；

笔记区

（七）鉴定意见；

（八）勘验笔录。

证据必须查证属实，才能作为认定事实的根据。

纠纷解决技巧

在人民法院审理案件过程中，掌握相关证据往往具有决定性意义。即使是普通群众，也需要在日常生活交往中有一定的证据意识，特别是金钱往来一定要完善相关的手续。一般朋友之间，包括亲朋、熟人之间借钱要写借条，付款最好是通过银行或者微信、支付宝转账，以便留痕备查。

试题

张某借给孙某 5 万元，但孙某一直不还，只好起诉到人民法院。请问以下哪一项不属于案件中的证据？（　　）①

A. 张某在法庭上对借钱过程的陈述

B. 张某在微信上向孙某转账的记录

C. 孙某向张某借钱时手写的借条

D. 张某在法庭上痛斥孙某忘恩负义

① 答案：D。

笔记区

▶ 47. 哪些事项需要提供证据?

案例

老王在镇上的厂里打工,每天骑摩托车往来镇上和村里。某日下班途中,老王被邻村小张驾驶的汽车撞倒,造成轻微脑震荡和小腿骨折,并且两周左右不能上班。小张承认这次意外碰撞是因自己逆行造成的,但表示自己经济拮据,只愿意赔偿实际产生的医药费800元。老王则要求小张赔偿医药费800元、误工费2500元、护理费500元以及适当的营养费500元。在村干部两次协调后,小张和老王仍然无法达成一致。此时,小张外出务工,留下1000元让村干部转交老王,作为对老王的赔偿。老王决定起诉至人民法院索要赔偿款,但听说要靠证据,那需要向人民法院提交哪些证据?

法律分析

法官必须依靠证据才能断案,而证据主要应当由诉讼当事人来提供。《中华人民共和国民事诉讼法》明确规定,当事人应当围绕自己的诉讼请求所依据的事实或围绕自己反驳对方诉讼请求所依据的事实提供证据。简单来说,就是自己主张的主要事实要有证据证明。就本案而言,老

笔记区

王需要尽可能向法院提供证据证明发生了什么事实，自己遭受了什么损害，分别对应多少金额。如需要老王提供事实陈述、村干部的陈述、医院的病情诊断、医疗费单据、误工天数和误工收入的证明、医疗部门准许专人护理的证明及护理费凭证等。如果无法提供证据，就有可能得不到法院的支持。

知识链接

《中华人民共和国民事诉讼法》第六十七条第一款

当事人对自己提出的主张，有责任提供证据。

最高人民法院《关于适用〈中华人民共和国民事诉讼法〉的解释》

第九十条 当事人对自己提出的诉讼请求所依据的事实或者反驳对方诉讼请求所依据的事实，应当提供证据加以证明，但法律另有规定的除外。

在作出判决前，当事人未能提供证据或者证据不足以证明其事实主张的，由负有举证证明责任的当事人承担不利的后果。

第九十一条 人民法院应当依照下列原则确定举证证明责任的承担，但法律另有规定的除外：

（一）主张法律关系存在的当事人，应当对产生该法律关系的基本事实承担举证证明责任；

笔记区

（二）主张法律关系变更、消灭或者权利受到妨害的当事人，应当对该法律关系变更、消灭或者权利受到妨害的基本事实承担举证证明责任。

纠纷解决技巧

在民事纠纷发生后，有保存证据的意识非常重要。如本案中的老王应保存好医院的病情诊断、医疗费单据，及时找自己打工的工厂开具误工天数和误工收入的证明，在村干部主持和解不成后去制作简易的笔录，在与小张沟通过程中通过录音方式予以记录等。

试题

在上述案例中，哪一事实无须老王提供证据？（　　）①

A. 小张留下 1000 元赔偿费给村干部作为对老王的赔偿

B. 老王因治疗产生的 800 元医药费

C. 老王的误工损失费 2500 元

D. 老王因受伤治疗产生的护理费 500 元

① 答案：A。

笔记区

▶ 48. 微信聊天记录能作为证据吗？

案例

小赵经营一家小超市。小王开了一家餐馆，长期在小赵处采购烟酒及副食品，通常通过微信下单，由小赵送货上门。小赵将采购明细记载在专门的记账簿上，小王每次会在一至两个月的时间内主动结算。后来，小王的餐馆经营出现困难，偶尔通过微信下单，小赵也都送货上门，但4个月后小王仍没有结清赊账。小赵在微信上向小王讨要尚未结清的货款1万余元，小王回复说要缓1个月。1个月后，小赵发现小王的餐馆已关门，遂在微信上联系小王，发现小王已经不再是自己的微信好友。小赵打算起诉到人民法院讨要1万余元货款，最主要的证据就是自己和小王的微信聊天记录，但这能作为诉讼的证据吗？需要注意哪些事项？

法律分析

微信聊天记录、手机短信、微博、电子支付记录等均属于我国法律认可的电子证据。当事人以电子数据作为证据的，应当提供原件。原始载体包括储存有电子数据的手机、电脑或者其他电子设备等。在提交微信聊天记

笔记区

录时,要提供使用登录本方微信账户的过程、聊天双方的个人信息界面以及完整的聊天记录。在本案中,小赵应当向人民法院提供本人和对方的个人信息界面(微信头像、昵称、微信号、地区等信息)截图,可以帮助判断当事人身份的真实性,并且提交完整的微信聊天记录而不能只截取对自己有利的部分,语音要转化成文字,视频要用光盘等存储设备予以保存。在庭审过程中,小赵还需要根据法官的要求,使用保存微信聊天记录的设备登录微信,展示双方个人信息界面以验证身份,展示聊天内容以证明证据的真实性,对语音、视频、图片、转账信息等内容予以展示。

知识链接

最高人民法院《关于适用〈中华人民共和国民事诉讼法〉的解释》第一百一十六条第二款 电子数据是指通过电子邮件、电子数据交换、网上聊天记录、博客、微博客、手机短信、电子签名、域名等形成或者存储在电子介质中的信息。

最高人民法院《关于民事诉讼证据的若干规定》

第十四条 电子数据包括下列信息、电子文件:

(一)网页、博客、微博客等网络平台发布的信息;

(二)手机短信、电子邮件、即时通信、通讯群组等网络

笔记区

应用服务的通信信息；

（三）用户注册信息、身份认证信息、电子交易记录、通信记录、登录日志等信息；

（四）文档、图片、音频、视频、数字证书、计算机程序等电子文件；

（五）其他以数字化形式存储、处理、传输的能够证明案件事实的信息。

第十五条第二款 当事人以电子数据作为证据的，应当提供原件。电子数据的制作者制作的与原件一致的副本，或者直接来源于电子数据的打印件或其他可以显示、识别的输出介质，视为电子数据的原件。

纠纷解决技巧

将微信聊天记录作为证据也需要相应数据以满足一定的条件。如果想将微信聊天记录作为证据使用，要注意两点：一是妥善保管原始载体，必要时对相关聊天记录进行公证；二是应当保证聊天记录的完整性，否则可能导致证据不被采信。

试题

笔记区

将微信聊天记录作为证据使用时,以下哪项的做法不正确?(　　)①

A. 删除对自己不利的聊天记录

B. 换手机时应对聊天记录进行备份

C. 必要时对相关聊天记录进行公证

D. 开庭时应携带存储聊天记录的手机向法官展示

---

① 答案:A。

笔记区

49. 录音录像能作为证据吗?

案例

赵先生和邓女士结婚多年,育有一子。近年来,赵先生和邓女士经常为日常琐事吵架,感情渐淡。赵先生提出离婚,但邓女士认为双方的感情还未破裂,而且考虑到有小孩,不同意离婚。赵先生遂向法院提起离婚诉讼,并请求平分夫妻共同财产,小孩跟随自己生活。邓女士怀疑赵先生有外遇,想要通过跟踪赵先生,获取可证明赵先生有外遇的录像证据,与赵先生的谈话也通过录音进行记录。但是,邓女士有些担心,这样的录音录像能作为诉讼中的证据吗?

法律分析

录音录像能够通过记录当事人的对话、行为等直观、客观地反映当事人之间产生争议的事实,是我国法律允许的证据形式之一。但是,无论录音录像被作为视听资料还是电子数据证据,都具有容易被篡改的特点,因此在使用此类证据时也应注意保证录音录像的完整性,并保留相应的原始载体。在实际操作中,还有必要注意获得相关录音录像证据的合法性,不能严重侵犯他人的合法权益、违反法律禁止性规定或者严重违背公序良俗。

笔记区

在本案中,邓女士如果在公共场合对赵先生的行为进行拍摄,所获得的录像证据应该能作为合法证据在诉讼中使用。但如果是在某些私密空间(如酒店客房)通过窃听器等专门设备获得的录音录像,则有可能被认定为严重侵害了他人的合法权益,不是合法性的证据,且不能在法庭上使用。

知识链接

《中华人民共和国民事诉讼法》第七十四条 人民法院对视听资料,应当辨别真伪,并结合本案的其他证据,审查确定能否作为认定事实的根据。

最高人民法院《关于适用〈中华人民共和国民事诉讼法〉的解释》

第一百零六条 对以严重侵害他人合法权益、违反法律禁止性规定或者严重违背公序良俗的方法形成或者获取的证据,不得作为认定案件事实的根据。

第一百一十六条 视听资料包括录音资料和影像资料。

电子数据是指通过电子邮件、电子数据交换、网上聊天记录、博客、微博客、手机短信、电子签名、域名等形成或者存储在电子介质中的信息。

笔记区

存储在电子介质中的录音资料和影像资料,适用电子数据的规定。

最高人民法院《关于民事诉讼证据的若干规定》第十五条第一款 当事人以视听资料作为证据的,应当提供存储该视听资料的原始载体。

纠纷解决技巧

在实践中,偷拍偷录获得的证据具有较大争议性。如果采取这种方式获取证据,最好是在公共场合进行,不宜将获得的录音录像资料随意上传至互联网,更不应使用窃听器等专门设备监控他人的住宅等,以最大限度确保获得的证据在合法范围之内。

试题

录音录像可以作为证据使用,以下哪一项不是应当注意的事项?( )[①]

A. 应当保留录音录像的原始载体

B. 可以对获得的录音录像进行剪辑

C. 必要时对录音录像证据进行公证

D. 不应以严重侵犯他人合法权益的方式取证

① 答案:B。

笔记区

▶ 50. 能委托律师去调查收集证据吗?

案例

小李在省城做外卖员,某日在送餐过程中摔伤,花费医疗费2万余元。然而,外卖平台未给小李缴纳医保,也拒绝承担小李的医疗费用,还将小李在外卖app中的账号予以删除,不承认小李与外卖平台之间存在劳动合同关系。除保存了部分做外卖员期间的照片外,小李并无其他证据能够直接证明与外卖平台之间存在劳动合同关系,而自己收到的工资也来自不同名称的账户。在朋友的陪同下,小李来到常年为农民工提供法律援助服务的律师事务所进行咨询。接待小李的王律师听完小李的陈述后,表示如果委托其律所代理这一案件,受委托的律师可以去调查收集给小李支付工资的公司、外卖平台的工商档案等证据,这一说法可信吗?

法律分析

《中华人民共和国民事诉讼法》和《中华人民共和国律师法》都规定了律师的调查权,律师有权根据办案需要自行向当事人或与案件有关的自然人、法人或其他组织调查取证。但在实践中,律师独立的调查权范围有限,只在少

笔记区

数领域形成比较成熟的做法，如律师通常可以持律师证和律所介绍信调取企业的工商档案，在部分地区还可以查询对方当事人的户籍基本信息。此外，很多地方人民法院出台了较完善的律师调查令制度，律师持人民法院出具的调查令可以收集涉案当事人的户籍资料、银行账号、档案材料、权利凭证等相关证据。在本案中，王律师的说法是可信的，王律师在接受小李的委托后，可以依法自行或获得人民法院签发的律师调查令后，收集与代理案件相关的证据。

知识链接

《中华人民共和国民事诉讼法》第六十四条 代理诉讼的律师和其他诉讼代理人有权调查收集证据，可以查阅本案有关材料。查阅本案有关材料的范围和办法由最高人民法院规定。

《中华人民共和国律师法》第三十五条 受委托的律师根据案情的需要，可以申请人民检察院、人民法院收集、调取证据或者申请人民法院通知证人出庭作证。

律师自行调查取证的，凭律师执业证书和律师事务所证明，可以向有关单位或者个人调查与承办法律事务有关的情况。

笔记区

纠纷解决技巧

对于基本事实不清、证据过少的案件，或者当事人处于弱势地位难以取证的情形，如农民工讨薪案件、外卖员劳动纠纷案件，有必要寻求律师的帮助。通常而言，律师拥有比当事人更多的法律知识、社会资源，也在法律上拥有更大的证据调查权，可以收集与案件相关的证据，也能够更好地与法官进行沟通，以最大限度地维护当事人的合法权益。

试题

小赵在某栋大楼门口被张先生所驾车辆撞伤，打算到人民法院起诉张先生，但只知道张先生的车牌号，无法获得张先生明确的身份信息，也无法从大楼物业处获得被撞伤时的监控视频，以下哪种做法不具有可行性？（　　）①

A. 委托律师获取张先生的车辆登记信息

B. 委托律师获取监控视频

C. 小赵自行请求车辆管理部门提供登记信息

D. 委托律师获取张先生的户籍信息

① 答案：C。

笔记区

51. 能申请法院调查收集证据吗?

案例

小李自2009年起在电子厂工作,并未与电子厂签订劳动合同,电子厂也未给其缴纳社会保险。2020年,小李体检时发现患上疾病,需要手术治疗并休养一段时间,因此请假3个月。由于从未缴纳过社会保险和医疗保险,小李需要自己承担全部费用,但小李根本无力承担。村委会的村主任小张得知此事后,主动到小李家探望,并建议小李向电子厂讨要病假工资及医药费损失。然而,电子厂拒绝了小李的请求,并表示事发前已将相关业务外包给A公司,小李与电子厂并无劳动关系。小李向小张咨询到人民法院起诉是否可行。小张分析案情后认为,只要能获得银行的转账记录,确认工资最终仍源于电子厂,结合小李请假前每天去电子厂上班时的签到表,就足以证明小李和电子厂存在事实上的劳动合同关系。但是,小李自己无法获得这些证据,可以在诉讼过程中申请人民法院调查收集这一证据吗?

法律分析

在民事诉讼中,由于部分事实牵涉国家、公共利益,或

笔记区

当事人对部分事实的取证能力受限,有时需要人民法院进行调查收集证据,以完成对事实的认定。根据启动调查的方式不同,具体分为两种情况。一种是法院自行调查收集证据,这类情形往往涉及公共利益或者诉讼过程中的重要程序性事项,作为当事人无须主动申请。另一种是依申请调查收集证据,包括:(1)证据由国家有关部门保存,当事人及其诉讼代理人无权查阅调取的;(2)涉及国家秘密、商业秘密或者个人隐私的;(3)当事人及诉讼代理人因客观原因不能自行收集的其他证据。

在本案中,小李需要将工资最终源于电子厂的银行转账记录作为证据,但小李没有权限查询这些银行的转账记录,而小李也无法获得由电子厂保存的签到表。根据《中华人民共和国民事诉讼法》的相关规定,这类情形符合诉讼当事人因客观原因无法自行收集证据材料的条件,小李可以在举证期限届满前以书面形式申请人民法院调查收集。

知识链接

《中华人民共和国民事诉讼法》第六十七条第二款

当事人及其诉讼代理人因客观原因不能自行收集的证据,或者人民法院认为审理案件需要的证据,人民法院应当调查收集。

笔记区

最高人民法院《关于民事诉讼证据的若干规定》第二条第二款 当事人因客观原因不能自行收集的证据，可申请人民法院调查收集。

最高人民法院《关于适用〈中华人民共和国民事诉讼法〉的解释》第九十四条 民事诉讼法第六十七条第二款规定的当事人及其诉讼代理人因客观原因不能自行收集的证据包括：

（一）证据由国家有关部门保存，当事人及其诉讼代理人无权查阅调取的；

（二）涉及国家秘密、商业秘密或者个人隐私的；

（三）当事人及其诉讼代理人因客观原因不能自行收集的其他证据。

当事人及其诉讼代理人因客观原因不能自行收集的证据，可以在举证期限届满前书面申请人民法院调查收集。

纠纷解决技巧

在诉讼过程中，当事人经常因为没有权限等客观原因无法获取所需证据，常见的如诉讼对方的银行转账记录，保存在国家有关部门的档案材料，涉及国家秘密、商业秘密或者个人隐私的证据。在这些情况下，当事人可以尝试申请由人民法院收集相关证据，若相关证据确为诉讼所

笔记区

需,满足法定条件,人民法院则会依职权收集相关证据。需要注意的是,此类申请需以书面方式在举证期限届满前提出,并说明具体理由。

试题

在人民法院审理小赵与小刘的纠纷过程中,小赵希望申请由人民法院收集证据,以下哪一种情形一定不会得到人民法院的批准?(　　)①

A. 小赵自己的户籍证明

B. 小刘在房地产中心的登记

C. 小刘在物业公司的登记表

D. 小刘在工作单位的工资表

---

① 答案:A。

笔记区

▶ 52. 法院命令提交对我不利的证据,可以不交吗?

案例

刘女士是刘大爷的女儿,其有一位哥哥和一位弟弟。刘大爷的身体日渐变差,便召开家庭会议立了一份书面遗嘱,两个儿子各分得遗产的40%,而刘女士只分得遗产的20%。刘大爷所立遗嘱只有一份原件,并交由刘女士保管。刘大爷去世后,刘女士不承认存在遗嘱,也不承认哥哥、弟弟所持有遗嘱复印件的真实性,要求平均继承刘大爷的遗产。在协商无果的情况下,刘女士的哥哥到人民法院提起诉讼,要求按照刘大爷所立遗嘱分配遗产。随后,刘女士收到一份人民法院签发的《民事裁定书》,要求刘女士在15日内提交遗嘱原件给人民法院。刘女士想,是否可以拒绝提交或者直接销毁遗嘱原件?

法律分析

在民事诉讼中,经常出现证据由不承担举证责任的一方当事人持有,使承担举证责任的一方当事人面临无法举证的困境。为避免前述问题,保障当事人的合法权益,最高人民法院《关于适用〈中华人民共和国民事诉讼法〉的解释》创设了“文书提出命令制度”，允许承担举证证明责任的当事人在举证期限届满前提出书面申请，请求人民法院责令对方当事人提交相关书证。当然，通过这一制度要求，对方当事人提交证据的适用范围仍比较有限，必须满足以下条件：(1)申请提交的书证明确；(2)书证对于待证事实的证明有必要；(3)待证事实对于裁判结果有实质性影响；(4)书证在对方当事人控制之下；等等。在本案中，人民法院要求刘女士提交刘大爷所立遗嘱的裁定满足法定条件，刘女士有义务按时提交，即使刘女士不提交，也将会面临人民法院认可刘女士哥哥所主张事实的结果，甚至有可能面临罚款和拘留的不利后果。

知识链接

最高人民法院《关于适用〈中华人民共和国民事诉讼法〉的解释》

第一百一十二条 书证在对方当事人控制之下的，承担举证证明责任的当事人可以在举证期限届满前书面申请人民法院责令对方当事人提交。

申请理由成立的，人民法院应当责令对方当事人提交，因提交书证所产生的费用，由申请人负担。对方当事人无正当理由拒不提交的，人民法院可以认定申请人所主张的书证内容为真实。

笔记区

第一百一十三条 持有书证的当事人以妨碍对方当事人使用为目的,毁灭有关书证或者实施其他致使书证不能使用行为的,人民法院可以依照民事诉讼法第一百一十四条规定,对其处以罚款、拘留。

最高人民法院《关于民事诉讼证据的若干规定》

第四十五条 当事人根据《最高人民法院关于适用〈中华人民共和国民事诉讼法〉的解释》第一百一十二条的规定申请人民法院责令对方当事人提交书证的,申请书应当载明所申请提交的书证名称或者内容、需要以该书证证明的事实及事实的重要性、对方当事人控制该书证的根据以及应当提交该书证的理由。

对方当事人否认控制书证的,人民法院应当根据法律规定、习惯等因素,结合案件的事实、证据,对于书证是否在对方当事人控制之下的事实作出综合判断。

第四十六条第二款 当事人申请提交的书证不明确、书证对于待证事实的证明无必要、待证事实对于裁判结果无实质性影响、书证未在对方当事人控制之下或者不符合本规定第四十七条情形的,人民法院不予准许。

纠纷解决技巧

在诉讼过程中,支持自身胜诉的证据不在自己手中,而在对方当事人手里的情形十分常见。如继承纠纷中,遗嘱在兄弟姐妹手中；股权争议中，公司账簿在大股东手中；劳动争议中，绩效考核、工资条等在公司手中。在这些情形下，都有可能通过“文书提出命令制度”申请人民法院要求对方提交相关证据。

笔记区

试题

以下哪种情形中，不属于可申请人民法院命令对方当事人提出某一证据的法定条件？（　　）[①]

A. 申请提交的书证明确

B. 书证对于待证事实的证明有必要

C. 待证事实对于裁判结果有实质性影响

D. 申请人留有相关书证的复印件

---

① 答案：D。

笔记区

▶ 53. 向法院提交证据都必须是原件吗?

案例

小徐和小高是邻居。小高从事货物运输工作，某日倒车时不小心撞坏了小徐家院子的大门，压毁盆栽若干，小高答应赔偿3000元，但由于经济拮据，就写了一张承诺3个月后赔偿小徐3000元的欠条。2个月后，小徐家因意外失火，小高写的字条被烧毁。之后，小高认为自己此前承诺赔偿3000元过高，因此，不承认曾承诺赔偿3000元，只愿意赔偿1000元。小徐打算提起民事诉讼，请求人民法院判决小高赔偿自己3000元。小徐听说向人民法院提交证据都必须是原件，但自己被撞坏的大门及盆栽都已经更换，小高出具的字条也已毁损，只有当时拍的照片。小徐比较纳闷，照片能作为向人民法院提交的证据吗?

法律分析

《中华人民共和国民事诉讼法》规定，书证应当提交原件，物证应当提交原物，但是提交原件或者原物确有困难的，可以提交复制品、照片、副本、节录本。与此同时，我国相关司法解释对提交书证原件、物证原物确有困难的情形进行了细化，包括书证、物证确实遗失、灭失或者毁损，或

笔记区

者因篇幅或者体积过大而不便提交的情形。在本案中,小徐所遭遇的情形符合提交书证原件、物证原物确有困难的法定情形,只要遵守诚实信用原则,向人民法院如实陈述发生的事实并作出合理解释,可以仅依据当时拍摄的照片作为诉讼证据。人民法院会结合所有的证据和案件的具体情况,审查判断能否以该照片作为认定案件事实的根据。

知识链接

《中华人民共和国民事诉讼法》第七十三条第一款

书证应当提交原件。物证应当提交原物。提交原件或者原物确有困难的,可以提交复制品、照片、副本、节录本。

最高人民法院《关于适用〈中华人民共和国民事诉讼法〉的解释》第一百一十一条 民事诉讼法第七十三条规定的提交书证原件确有困难,包括下列情形:

(一)书证原件遗失、灭失或者毁损的;

(二)原件在对方当事人控制之下,经合法通知提交而拒不提交的;

(三)原件在他人控制之下,而其有权不提交的;

(四)原件因篇幅或者体积过大而不便提交的;

(五)承担举证证明责任的当事人通过申请人民法院调查收集或者其他方式无法获得书证原件的。

笔记区

前款规定情形，人民法院应当结合其他证据和案件具体情况，审查判断书证复制品等能否作为认定案件事实的根据。

最高人民法院《关于民事诉讼证据的若干规定》

第十一条 当事人向人民法院提供证据，应当提供原件或者原物。如需自己保存证据原件、原物或者提供原件、原物确有困难的，可以提供经人民法院核对无异的复制件或者复制品。

第六十一条 对书证、物证、视听资料进行质证时，当事人应当出示证据的原件或者原物。但有下列情形之一的除外：

（一）出示原件或者原物确有困难并经人民法院准许出示复制件或者复制品的；

（二）原件或者原物已不存在，但有证据证明复制件、复制品与原件或者原物一致的。

纠纷解决技巧

在实际诉讼中，诉讼当事人通常在向人民法院提交证据时都会提交证据副本，而在庭前证据交换时或开庭质证过程中出示证据的原件或者原物进行核对。涉及物证时，特别是以不动产作为物证的，往往需要通过替代方式（如拍照、录像、数码拍摄、以电子数据形式形成的电子文档）

笔记区

进行提交,此时应注意将案件信息相关的特征固定下来,并保留相关电子数据的原始载体。必要时,可以进行公证。

试题

以下哪种情形不属于提交书证原件确有困难的情形?( )①

A. 原件因放在1000千米外的老家而不想回去取

B. 书证原件遗失、灭失或者毁损

C. 原件在他人控制之下,而其有权不提交

D. 原件因篇幅或者体积过大而不便提交

① 答案:A。

笔记区

54. 什么是举证期限？未在举证期限内提交证据有什么后果？

案例

小李和小王曾是恋人，在恋爱的3年期间，有非常多的资金往来。在二人分手后一年左右，小王突然收到人民法院寄送的起诉状、举证通知书等诉讼文书和证据材料，原来是小李希望通过诉讼要回恋爱期间转给小王的财物。小王并不认可小李在起诉状中的主张，也基本不认可收到的证据材料，但人民法院送达的举证通知书上载明应当在15日内提交相关证据。小王因工作比较繁忙，想先参加庭审，之后有时间再准备相关的证据提交给人民法院。但是，小王心想，真的可以不理会人民法院规定的期限吗？如果不遵守，会承担什么后果？

法律分析

在民事诉讼中，当事人有义务对自己提出的主张及时提供证据。举证期限，是指当事人向人民法院提供证据的期间，一般由人民法院根据法律规定并结合案件情况予以确定，但可以由当事人共同商定。如果确实因客观原因难以在人民法院确定的举证期限内提供证据，则可以向人民

笔记区

法院申请延长举证期限，只要有合理的理由，人民法院一般都会同意适当延长举证期限。如果当事人因故意或者重大过失逾期提供的证据，人民法院有可能拒绝采纳该证据。即使该证据因为与案件基本事实有关而被法院采纳，人民法院还可能会采取训诫、罚款等措施。对于非因故意或者重大过失逾期提供的证据，法院虽然会受理，但也会对当事人予以训诫。逾期提交证据的一方当事人还应当承担对方当事人因此而多支出的必要费用。在本案中，小王在有相反证据提交的情况下，却因为工作繁忙等原因而打算在庭审后提交证据，这样的做法并不可取，将面临后续证据不被法院采纳，受到法院的训诫或者罚款等结果。

知识链接

《中华人民共和国民事诉讼法》第六十八条 当事人对自己提出的主张应当及时提供证据。

人民法院根据当事人的主张和案件审理情况，确定当事人应当提供的证据及其期限。当事人在该期限内提供证据确有困难的，可以向人民法院申请延长期限，人民法院根据当事人的申请适当延长。当事人逾期提供证据的，人民法院应当责令其说明理由；拒不说明理由或者理由不成立的，人民法院根据不同情形可以不予采纳该证据，或者采纳该证据但予以训诫、罚款。

笔记区

最高人民法院《关于适用〈中华人民共和国民事诉讼法〉的解释》第一百零二条 当事人因故意或者重大过失逾期提供的证据，人民法院不予采纳。但该证据与案件基本事实有关的，人民法院应当采纳，并依照民事诉讼法第六十八条、第一百一十八条第一款的规定予以训诫、罚款。

当事人非因故意或者重大过失逾期提供的证据，人民法院应当采纳，并对当事人予以训诫。

当事人一方要求另一方赔偿因逾期提供证据致使其增加的交通、住宿、就餐、误工、证人出庭作证等必要费用的，人民法院可予支持。

最高人民法院《关于民事诉讼证据的若干规定》第五十一条 举证期限可以由当事人协商，并经人民法院准许。

人民法院指定举证期限的，适用第一审普通程序审理的案件不得少于十五日，当事人提供新的证据的第二审案件不得少于十日。适用简易程序审理的案件不得超过十五日，小额诉讼案件的举证期限一般不得超过七日。

举证期限届满后，当事人提供反驳证据或者对已经提供的证据的来源、形式等方面的瑕疵进行补正的，人民法院可以酌情再次确定举证期限，该期限不受前款规定的期间限制。

笔记区

纠纷解决技巧

在诉讼实践中，经常有当事人抱有侥幸心理，不在人民法院确定的举证期限内提交证据，而是拖延到开庭时或庭审之后才提交。这样做不仅违反了我国法律规定的诉讼义务，干扰了人民法院对案件的正常审理，还可能遭受逾期提交证据不被采纳，被训诫或罚款等不利后果。因此，在实务中，当事人应当在举证期限内提交证据，确实有困难的，应当及时向法院申请延长举证期限。

试题

以下哪一项有关逾期提交证据后果的表述不准确？（　　）①

A. 因故意或者重大过失逾期提供的证据，法院原则上不予采纳

B. 逾期提交证据的一方当事人无须承担对方当事人因此多支出的必要费用

C. 非因故意或者重大过失逾期提供的证据，法院应当采纳

D. 非因故意或者重大过失逾期提供的证据，法院应对当事人予以训诫

---

① 答案：B。

笔记区

55. 什么是司法鉴定?

案例

张某在李某经营的养殖场当保安,约定每月工资3000元。后养殖场因经营困难,一直拖欠工资。张某决定离职,此时养殖场尚欠张某5个月工资。李某在张某离职当日向张某支付了5000元,并让张某出具一份收条,载明张某收到欠付工资5000元。随后,张某多次催要剩余的1万元工资,李某均未予以回应。无奈之下,张某诉至人民法院,请求判令李某支付所欠工资1万元。庭审中,李某向法庭出示收条一份,内容为:收到欠付工资15,000元,壹万伍仟元整,签收人张某。张某认可此收条的真实性,但表示收条上原本的金额为5000元,同时出示了当时自己拍下的照片,显示收条上的金额为5000元,而且无大写数字。针对上述情形,张某的朋友小赵建议张某向人民法院申请对收条进行司法鉴定。张某觉得比较困惑,什么是司法鉴定呢?

法律分析

司法鉴定,是指在诉讼活动中,鉴定人运用科学技术或者专门知识对诉讼涉及的专门性问题进行鉴别和判断

笔记区

并提供鉴定意见的活动,常见的司法鉴定包括笔迹鉴定、伤情鉴定、产品质量鉴定等。在本案中,张某可以向人民法院就收条文字形成时间的先后顺序以及是否为同一人书写申请司法鉴定。鉴定机构可以对收条中“15,000”第一位数字“1”与其他字迹是否为一次书写形成,大写数字与其他内容字迹是否为同一次书写形成,是否为同一人的笔迹等情形进行鉴定。

《中华人民共和国民事诉讼法》规定了两种启动司法鉴定的方式:一是当事人就查明事实的专门性问题向人民法院申请鉴定,二是由人民法院自行委托鉴定。司法鉴定应当由具备资格的鉴定人进行。在本案中,人民法院并未自行决定委托鉴定,如果张某就收据中的笔迹形成问题申请司法鉴定,应当在举证期限届满前提出,并说明申请司法鉴定的事项与本案的待证事实之间存在关联。张某需与李某协商确定具备资格的鉴定人,如果协商不成,则由人民法院指定。

知识链接

《中华人民共和国民事诉讼法》第七十九条　当事人可以就查明事实的专门性问题向人民法院申请鉴定。当事人申请鉴定的,由双方当事人协商确定具备资格的鉴定人;协商不成的,由人民法院指定。

笔记区

当事人未申请鉴定，人民法院对专门性问题认为需要鉴定的，应当委托具备资格的鉴定人进行鉴定。

最高人民法院《关于适用〈中华人民共和国民事诉讼法〉的解释》第一百二十一条 当事人申请鉴定，可以在举证期限届满前提出。申请鉴定的事项与待证事实无关联，或者对证明待证事实无意义的，人民法院不予准许。

人民法院准许当事人鉴定申请的，应当组织双方当事人协商确定具备相应资格的鉴定人。当事人协商不成的，由人民法院指定。

符合依职权调查收集证据条件的，人民法院应当依职权委托鉴定，在询问当事人的意见后，指定具备相应资格的鉴定人。

纠纷解决技巧

在诉讼实践中，司法鉴定在很多时候能够解决案件审理中的专门性问题。但是，司法鉴定并非万能的，是否需要鉴定，当事人应区分不同的案件，综合考虑鉴定费用高低、鉴定所需时间长短、鉴定技术的成熟度等因素而定。在日常社会交往中，如果出具可能被作为证据的文书时，应有意识地减少被篡改的可能性，从而避免在发生纠纷时依赖司法鉴定。

试题

笔记区

以下哪一项有关司法鉴定的表述是错误的?(　　)①

A. 当事人申请鉴定需在举证期限届满前提出

B. 法院可以自行决定委托鉴定

C. 鉴定人必须具备相应的资格

D. 当事人自行委托鉴定机构进行鉴定也是司法鉴定

---

① 答案:D。

笔记区

▶ 56. 司法鉴定费用应当由谁承担?

案例

张某在某开发商处购买一套商品房,收房后发现卫生间管道破裂漏水,卧室的部分墙面存在裂开现象。张某主张某开发商应当赔偿10万元,但某开发商认为上述房屋问题都不是严重的质量问题,只愿意支付2万元维修费。张某为此诉至人民法院,要求判令某开发商赔偿损失10万元。在诉讼中,双方对受损房屋的修复方案和费用存在争议。为此,张某申请对受损房屋的修复方案进行司法鉴定。人民法院同意张某的申请后,指定了一家有资质的司法鉴定机构,并告知张某应当预交鉴定费用8000元。张某认为,明明是开发商存在过错,为何自己预交鉴定费用?如果胜诉了,法院会判令开发商承担这笔费用吗?

法律分析

我国法律对司法鉴定费用承担问题进行了不同层次的规定。在性质上,司法鉴定费用是诉讼费用的一个子类型,最终应当由败诉方负担,部分胜诉、部分败诉的,人民法院会根据具体情况决定当事人各自负担的金额。此外,司法鉴定费用需要由向人民法院申请鉴定的一方当事人向鉴定机构预交,不预交鉴定费用的,将被视为放弃申请,并会承担相应的不利后果。在本案中,张某是申请司法鉴定的一方当事人,按照法律规定应当预交鉴定费。如果最终的鉴定意见被采纳,张某的诉讼请求得到人民法院的支持,人民法院会根据案件胜负情况,裁判张某和某开发商各自应当负担的鉴定费用。

知识链接

《诉讼费用交纳办法》

第十二条第一款 诉讼过程中因鉴定、公告、勘验、翻译、评估、拍卖、变卖、仓储、保管、运输、船舶监管等发生的依法应当由当事人负担的费用,人民法院根据谁主张、谁负担的原则,决定由当事人直接支付给有关机构或者单位,人民法院不得代收代付。

第二十九条第一款、第二款 诉讼费用由败诉方负担,胜诉方自愿承担的除外。

部分胜诉、部分败诉的,人民法院根据案件的具体情况决定当事人各自负担的诉讼费用数额。

《中华人民共和国民事诉讼法》第八十一条 当事人对鉴定意见有异议或者人民法院认为鉴定人有必要出庭的,鉴定人应当出庭作证。经人民法院通知,鉴定人拒不

笔记区

出庭作证的，鉴定意见不得作为认定事实的根据；支付鉴定费用的当事人可以要求返还鉴定费用。

最高人民法院《关于民事诉讼证据的若干规定》第三十一条 当事人申请鉴定，应当在人民法院指定期间内提出，并预交鉴定费用。逾期不提出申请或者不预交鉴定费用的，视为放弃申请。

对需要鉴定的待证事实负有举证责任的当事人，在人民法院指定期间内无正当理由不提出鉴定申请或者不预交鉴定费用，或者拒不提供相关材料，致使待证事实无法查明的，应当承担举证不能的法律后果。

纠纷解决技巧

在诉讼实践中，司法鉴定的费用一般由申请人预交，但最终的鉴定费用的承担与鉴定结果相关。此外，司法鉴定费用的收费标准通常由省一级的主管部门规定，各地的收费标准存在不同。在决定是否申请司法鉴定前，可以先向当地的司法鉴定机构咨询相关事宜。

试题

笔记区

以下有关司法鉴定费用的表述哪一项是错误的?(　　)[1]

A. 申请司法鉴定的一方当事人应当预交司法鉴定费用

B. 司法鉴定费用通常由人民法院代收代付

C. 司法鉴定费用在各地可能存在不同的收费标准

D. 司法鉴定费用的最终承担由人民法院根据案件胜负情况进行裁判

① 答案:B。

笔记区

▶ 57. 是否可以自行委托鉴定？

案例

王某驾驶一辆农用车将李某撞伤。经公安交警部门认定，王某负事故的主要责任，李某负事故的次要责任。在协商赔偿未果的情况下，李某诉至人民法院，要求王某赔偿各项损失共计 8 万元。在李某提交的证据材料中，有一份李某自行委托伤残鉴定机构出具的鉴定报告，鉴定结论为八级伤残。王某认为李某的伤情达不到八级伤残，希望人民法院不予认可该鉴定报告，并申请重新进行鉴定。人民法院会认可李某自行委托鉴定机构出具的鉴定报告吗？

法律分析

在我国理论界和司法实践中，对自行委托鉴定的认识存在一定的争议，但也逐步达成一些共识。首先，自行委托鉴定不是《中华人民共和国民事诉讼法》中规定的司法鉴定，所形成的鉴定报告不属于法律规定的证据形式之一的鉴定意见。其次，自行委托的鉴定虽然不属于司法鉴定，但也是由有资质的鉴定机构接受当事人委托后作出的，可以作为诉讼中的证据使用。针对一方当事人自行委托鉴定机构出具的意见,另一方当事人只要有证据或者有理由足以反驳,就可以申请法院重新进行司法鉴定。在本案中,王某如果针对李某提交的鉴定报告提出有理由的反驳,或提供相反的证据,就可以申请人民法院重新进行司法鉴定。

知识链接

最高人民法院《关于民事诉讼证据的若干规定》第四十一条 对于一方当事人就专门性问题自行委托有关机构或者人员出具的意见,另一方当事人有证据或者理由足以反驳并申请鉴定的,人民法院应予准许。

纠纷解决技巧

在诉讼实践中,有些鉴定必须满足较为严格的鉴定条件,如伤情鉴定对鉴定时间有较为严格的要求。在类似情形下,自行委托鉴定是一种较为可取的做法。此时,自行委托得到的鉴定报告尽管不属于法律规定的司法鉴定,但在诉讼过程中,仍可以作为十分有力的证据使用。

笔记区

试题

以下哪一项有关自行委托鉴定的表述是错误的？（　　）①

A. 自行委托的鉴定不是民事诉讼法中所规定的司法鉴定

B. 自行委托鉴定的报告可以作为证据提交

C. 自行委托鉴定的报告属于鉴定意见

D. 面对自行委托鉴定的报告，另一方当事人有理由足以反驳并申请鉴定的，人民法院应予准许

① 答案：C。

笔记区

▶ 58. 什么是自认？自认有什么法律后果？

案例

王某长期为李四供货，每月为李四提供价值5万元的货物，每季度与李四结清一次货款。2021年4月，王某和李四本应结清第一季度的货款，但李四提出2月和3月的货物质量不合格。王某检查后发现，因生产流程升级，导致2月和3月生产的多批次货物存在质量瑕疵，但不确定供给李四的货物质量不合格，所以，没有承认自己的产品有质量问题。王某和李四多次协商仍无法达成一致，王某起诉至人民法院，请求李四支付货款10万元。在诉讼期间，李四取得了王某自认2月和3月生产的产品存在质量瑕疵的会议记录材料。于是，李四在庭审中抗辩称，王某已经自认生产的产品存在质量瑕疵，无需举证证明即应当认定王某的供货存在质量瑕疵。王某认为自己从未向人民法院陈述过该批次货物有质量问题，也算是自认吗？自认有什么法律后果呢？

法律分析

我国法律规定的民事自认制度，主要是指一方当事人在法庭审理中，或者在起诉状、答辩状、代理词等书面

笔记区

材料中，对于己不利的事实明确表示承认的，另一方当事人无需举证证明。诉讼外发生的当事人承认，由于缺乏相应法律程序的保障，仅具有一般的证据效力，不能直接免除对方当事人的举证责任。在本案中，李四获得的会议记录并非在法庭审理中形成的，因此不构成王某在民事诉讼中的自认，但仍然可以作为证据提交，交由法官审查判断。

知识链接

最高人民法院《关于适用〈中华人民共和国民事诉讼法〉的解释》第九十二条 一方当事人在法庭审理中，或者在起诉状、答辩状、代理词等书面材料中，对于己不利的事实明确表示承认的，另一方当事人无需举证证明。

对于涉及身份关系、国家利益、社会公共利益等应当由人民法院依职权调查的事实，不适用前款自认的规定。

自认的事实与查明的事实不符的，人民法院不予确认。

最高人民法院《关于民事诉讼证据的若干规定》

第三条 在诉讼过程中，一方当事人陈述的于己不利的事实，或者对于己不利的事实明确表示承认的，另一方当事人无需举证证明。

笔记区

在证据交换、询问、调查过程中，或者在起诉状、答辩状、代理词等书面材料中，当事人明确承认于己不利的事实的，适用前款规定。

第四条 一方当事人对于另一方当事人主张的于己不利的事实既不承认也不否认，经审判人员说明并询问后，其仍然不明确表示肯定或者否定的，视为对该事实的承认。

纠纷解决技巧

由于构成民事自认的事实无需证据证明，当事人在诉讼过程中应当注意对方当事人在起诉状、答辩状、代理词等书面材料中或者在庭审过程中是否存在对其不利的事实陈述，此类信息有助于减轻诉讼负担，甚至可能在某些案件中成为决定胜负的关键。

试题

以下哪一项有关民事自认的表述是错误的？（　　）①

A. 涉及身份关系、国家利益、社会公共利益的事实不适用自认的规定

B. 当事人在法庭审理中对于己不利的事实明确表示承认的构成自认

① 答案：D。

笔记区

C. 当事人在证据交换、询问、调查过程中对于己不利的事实明确表示承认的构成自认

D. 自认的事实与法院查明的事实不符的,法院也会认可自认事实

笔记区

▶ 59. 什么是证据保全？怎样申请证据保全？

案例

小李和小王商量合伙在镇上开办一家涮锅店。小李负责涮锅店的经营，小王只提供资金，两人平分营利。然而，涮锅店开业后连续亏本，小王发现小李可能存在中饱私囊的行为，便起诉至人民法院。起诉后，小王听说小李设法修改涮锅店的收支记录。小王的朋友小赵建议小王立即向法院申请证据保全，由法院对涮锅店的收银数据、财务会计账册等证据予以固定。那么，什么是证据保全？怎样申请证据保全呢？

法律分析

证据是开展民事诉讼活动的基础，人民法院需要依据与案件有关的证据认定案件事实。但是，证据可能因为各种原因灭失或者被篡改。因此，《中华人民共和国民事诉讼法》规定了证据保全制度。在证据可能灭失或者以后难以取得的情况下，当事人可以向人民法院申请证据保全，人民法院在必要的情况下，也可以主动采取证据保全措施。需要注意的是，证据保全应当在举证期限届满前以书面方式向人民法院提出，且该申请书应当载明需要保全的

笔记区

证据的基本情况、申请保全的理由以及采取何种保全措施等内容。在本案中，由于小王不负责涮锅店的经营，且已经有初步证据证明小李可能篡改收支记录，存在证据可能灭失或者以后难以取得的风险，所以小王可以向法院申请对涮锅店在营业期间的收银数据、财务会计账册进行证据保全。

知识链接

《中华人民共和国民事诉讼法》第八十四条 在证据可能灭失或者以后难以取得的情况下，当事人可以在诉讼过程中向人民法院申请保全证据，人民法院也可以主动采取保全措施。

因情况紧急，在证据可能灭失或者以后难以取得的情况下，利害关系人可以在提起诉讼或者申请仲裁前向证据所在地、被申请人住所地或者对案件有管辖权的人民法院申请保全证据。

证据保全的其他程序，参照适用本法第九章保全的有关规定。

最高人民法院《关于适用〈中华人民共和国民事诉讼法〉的解释》第九十八条 当事人根据民事诉讼法第八十四条第一款规定申请证据保全的，可以在举证期限届满前书面提出。

证据保全可能对他人造成损失的，人民法院应当责令申请人提供相应的担保。

笔记区

纠纷解决技巧

证据对民事诉讼的结果影响力巨大，在决定开展诉讼活动前，当事人应该有意识地保护证据。在诉讼过程中，对于可能灭失或者以后难以取得的证据，当事人或者利害关系人可以向法院申请证据保全。

试题

以下有关证据保全的说法，哪一项是错误的？（　　）[1]

A. 可以在举证期限届满前向法院申请证据保全

B. 证据没有灭失风险的情况下，也可以申请证据保全

C. 证据保全可以由当事人申请，也可以由法院主动采取保全措施

D. 证据保全的申请书需要载明需要保全的证据的基本情况、申请保全的理由以及采取何种保全措施等内容

① 答案：B。

笔记区

▶ 60. 什么是无须证明的事实？经过公证的事实一定会被法院认可吗？

案例

小陈和大陈是双胞胎，小陈向大陈借钱遭到拒绝。小陈又向朋友刘某借钱。刘某提出，如果大陈能够提供担保，则同意借款30万元给小陈。小陈和刘某签订了借款合同，同时约定大陈承担连带担保责任。随后，小陈和刘某一起前往A公证处办理公证。A公证处公证员由于工作疏忽，为小陈和刘某出具了由大陈承担连带担保责任的公证书。随后，小陈未还款，刘某起诉至人民法院，请求大陈承担连带责任。收到诉讼文书后，大陈十分吃惊，特别是看到A公证处出具的公证书，充满了疑惑，经过公证的事实一定会被人民法院认可吗？

法律分析

通常而言，公证书是一种可靠的证据，具有证明公证对象真实、合法的证明力，可直接作为认定事实的根据，发挥了预防纠纷、减少诉讼的作用。但是，如果有相反证据足以推翻公证证明，则人民法院将不采纳公证书中载明的事实。在本案中，大陈对公证书的内容及出具过程均不知情，A公证处出具公证书的过程中也存在重大疏忽，大陈可以通过举证推翻刘某提供的公证书，无须承担连带责任。

笔记区

知识链接

《中华人民共和国民事诉讼法》第七十二条 经过法定程序公证证明的法律事实和文书，人民法院应当作为认定事实的根据，但有相反证据足以推翻公证证明的除外。

最高人民法院《关于民事诉讼证据的若干规定》第十条 下列事实，当事人无须举证证明：

（一）自然规律以及定理、定律；

（二）众所周知的事实；

（三）根据法律规定推定的事实；

（四）根据已知的事实和日常生活经验法则推定出的另一事实；

（五）已为仲裁机构的生效裁决所确认的事实；

（六）已为人民法院发生法律效力的裁判所确认的基本事实；

（七）已为有效公证文书所证明的事实。

前款第二项至第五项事实，当事人有相反证据足以反驳的除外；第六项、第七项事实，当事人有相反证据足以推翻的除外。

笔记区

纠纷解决技巧

除公证书具有较强的证明力外,《中华人民共和国民事诉讼法》还规定了其他无须举证证明的事项,如根据已知的事实和日常生活经验法则推定出的另一事实,已为仲裁机构的生效裁决所确认的事实以及已为人民法院发生法律效力的裁判所确认的基本事实。这些情形都应引起足够的重视。

试题

下面哪一事实不属于通常情形下民事诉讼中无须举证证明的事实?( )①

A. 根据当事人的个人直觉所推定的事实

B. 已为仲裁机构的生效裁决所确认的事实

C. 已为人民法院发生法律效力的裁判所确认的基本事实

D. 已为有效公证文书所证明的事实

---

① 答案:A。

笔记区

测 试 题

1. 民事纠纷发生后，当事人采取的下列救济方式中正确的一项是(　　)。

A. 找哥们儿帮忙出头

B. 去对方家中大吵大闹

C. 向人民调解委员会申请调解

D. 在公共场所贴大字报痛陈对方“恶行”

2. 相较于公力救济手段，和解所具有的优势包括(　　)。(多选)

A. 无须缴纳费用

B. 无须准备诉讼材料

C. 和解协议可直接被强制执行

D. 经济、高效、便捷

3. 关于人民调解，下列说法正确的是(　　)。(多选)

A. 在提起民事诉讼前，必须先申请人民调解

B. 人民调解委员会可以主动调解

C. 人民调解需遵循自愿、平等、合法的原则

笔记区

D. 经人民调解所达成的调解协议可以被申请司法确认

4. 关于调解协议的司法确认，下列说法错误的是（　　）。

A. 必须向有管辖权的人民法院提出

B. 必须由双方当事人共同自愿申请

C. 除人民调解委员会外，其他任何机构和个人作出的调解协议都可以被申请司法确认

D. 经人民法院委派调解所达成的调解协议可以被申请司法确认

5. 以下关于行政调解的说法，正确的是（　　）。

A. 我国目前已有关于行政调解的统一规定

B. 行政调解是行政诉讼的前置程序

C. 行政调解协议可以直接被强制执行

D. 一方不履行行政调解协议时，另一方有权向人民法院起诉

6. 关于司法调解与诉讼和解，下列说法正确的一项是（　　）。

A. 司法调解就是诉讼和解

B. 在司法调解与诉讼和解中，人民法院所扮演的角色相同

C. 司法调解所形成的调解书具有强制执行力，而诉讼

笔记区

和解所形成的和解协议不具有强制执行力

D. 司法调解和诉讼和解都是人民法院作出裁判前的强制程序

7. 提起民事诉讼需要符合的条件包括(　　)。(多选)

A. 原告是与本案有直接利害关系的公民、法人和其他组织

B. 有明确的被告

C. 有具体的诉讼请求和事实、理由

D. 属于人民法院受理民事诉讼的范围和受诉人民法院管辖

8. 下列选项中,能够被委托为诉讼代理人的是(　　)。

A. 当事人的邻居王某

B. 当事人的父亲老张

C. 当事人的好朋友大刘

D. 当事人的未婚妻小芳

9. 关于劳动争议的纠纷解决途径,下列说法正确的是(　　)。

A. 当事人可以直接向法院起诉

B. 当事人可以直接申请劳动仲裁

C. 劳动争议必须先行调解

D. 劳动争议必须先行和解

笔记区

10. 关于公证,下列说法错误的是(　　)。

A. 公证需要支付一定的费用

B. 公证没有全国统一的收费标准

C. 经公证的事项具有不可推翻的法律效力

D. 遗嘱、生存、收养关系等事项的公证不可委托他人办理

11. 自己或身边人被诈骗钱财时,下列哪些选项是不恰当的处理方式?(　　)(多选)

A. 自行尝试联系对方

B. 到派出所报案

C. 拨打“110”报警电话

D. 忍气吞声

12. 老张的养猪场与甲屠宰场想以仲裁解决合作中的纠纷,下列哪一选项不是必要条件?(　　)

A. 自愿订立合同

B. 在合同中约定仲裁条款

C. 约定明确的仲裁机构

D. 只能约定在省会的仲裁机构进行仲裁

13. 甲村不服镇政府对土地所有权做出的权属确认决定,应当如何寻求救济?(　　)

A. 向村委会抗议

B. 向基层人民法院起诉镇政府

笔记区

C. 向县政府提起行政复议

D. 向县政府写举报信

14. 李某认为乡政府不予审核宅基地申请的决定适用法律错误,应当如何寻求救济?(　　)

A. 向村委会抗议

B. 向基层人民法院起诉乡政府

C. 向基层人民法院提起行政复议

D. 向县政府写举报信

15. 关于民事诉讼费用,以下说法正确的是(　　)。

A. 提起民事诉讼无须缴费

B. 提起民事诉讼索要钱财需根据具体请求数额确定诉讼费

C. 提起民事诉讼必须一次性缴清费用,不得减免

D. 提起民事诉讼至少需缴纳 10 元

16. A 市甲村的李某请求人民法院确认其与王某(现居住于 B 市)的土地承包经营权互换合同,并确认其对相应土地(位于 A 市甲村)的承包经营权,应向哪个法院起诉?(　　)

A. A 市中级人民法院

B. B 市中级人民法院

C. 王某住所地的基层人民法院

D. A 市甲村所在地的基层人民法院

笔记区

17. 人民法院派法官向王某送达起诉状副本、案件受理通知书和应诉通知书，王某及其家人拒绝接受，法官将材料放在王某家中并录像，是否完成送达？（　　）

A. 是

B. 否

18. 张某欲向人民法院起诉王某索要欠款，下列哪一项是起诉的必备材料？（　　）

A. 张某的身份证

B. 起诉状

C. 张某与王某的合影

D. 王某的身份证

19. 唐某因某公司拖欠材料款而对某公司提起诉讼，并发现某公司正秘密转移资产，应如何应对？（　　）

A. 等到开庭当面质问某公司

B. 私下向法官反映情况

C. 向人民法院申请对某公司财产进行保全

D. 请求人民法院先予执行

20. 王某对一审裁判判决其向李某支付借款不服，应如何救济？（　　）

A. 直接向上一级人民法院检举

B. 15 日内向上一级人民法院提起上诉

C. 向政府申请复议

D. 向另一个人民法院起诉

21. 对生效判决可以通过什么方式进行救济？（　　）

A. 可以向上一级人民法院提起上诉

B. 可以向上一级人民法院申请再审

C. 可以向其他人民法院另行起诉

D. 可以向原审人民法院申请复议

22. 下列关于再审的说法，正确的是（　　）。

A. 可以向上一级人民法院申请再审

B. 当事人一方人数众多的案件，只能向上一级人民法院申请再审

C. 当事人双方为公民的案件，不可以向原审人民法院申请再审

D. 当事人申请再审的，停止判决、裁定的执行

23. 下列哪种情形，不属于“当事人申请再审，人民法院不予受理”的情形？（　　）

A. 再审申请被驳回后再次提出申请

B. 对再审判决提出申请

C. 在人民检察院对当事人的申请作出不予提出再审检察建议后又提出申请

D. 对生效的二审判决提出申请

24. 下列哪种情形，不属于“当事人可以向人民检察院申请检察建议或者抗诉”的情形？（　　）

笔记区

A. 人民法院驳回再审申请的

B. 人民法院逾期未对再审申请作出裁定的

C. 再审判决、裁定有明显错误的

D. 人民检察院对当事人的申请作出不予提出再审检察建议

25. 关于举证期限,下列说法中错误的是(　　)。

A. 人民法院应当在审理前的准备阶段确定当事人的举证期限

B. 举证期限不可以由当事人协商,只能由人民法院确定

C. 人民法院确定举证期限,第一审普通程序案件不得少于 15 日

D. 人民法院确定举证期限,当事人提供新的证据的第二审案件不得少于 10 日

26. 关于当事人逾期提供证据,下列说法错误的是(　　)。

A. 人民法院应当责令其说明理由,必要时可以要求其提供相应的证据

B. 对方当事人对逾期提供证据未提出异议的,视为未逾期

C. 当事人因故意或者重大过失逾期提供的证据,该证据与案件基本事实有关的,人民法院不予采纳

笔记区

D. 当事人非因故意或者重大过失逾期提供的证据，人民法院应当采纳，并对当事人予以训诫

27. 关于当事人申请延长举证期限，下列说法错误的是（　　）。

A. 应当在举证期限届满前向人民法院提出书面申请

B. 申请理由成立的，人民法院应当准许，适当延长举证期限，并通知其他当事人

C. 申请理由不成立的，人民法院不予准许，并通知申请人

D. 延长的举证期限仅适用于申请人，不适用于其他当事人

28. 庭前会议不包括下列哪项内容？（　　）

A. 组织当事人围绕争议焦点展开辩论

B. 审查处理第三人提出的与本案有关的诉讼请求

C. 根据当事人的申请决定进行证据保全

D. 审查处理当事人增加、变更诉讼请求的申请

29. 下列各项中，哪一项不属于妨害民事诉讼的行为？（　　）

A. 拒不履行人民法院已经发生法律效力的判决、裁定的

B. 伪造、毁灭重要证据，妨碍人民法院审理案件的

C. 当事人因故意或者重大过失逾期提供证据的

笔记区

D. 未经准许进行录音的

30. 下列各项中,哪一项不属于治安管理处罚?(　　)

A. 警告

B. 罚款

C. 刑事拘留

D. 吊销公安机关发放的许可证

31. 以下哪些是《中华人民共和国民事诉讼法》规定的证据类型?(　　)(多选)

A. 当事人的陈述

B. 书证

C. 物证

D. 电子数据

32. 小王通过微信转账方式借给朋友小李 3 万元,后小李不愿意还钱,小王起诉至人民法院,以下哪一做法是不可取的?(　　)

A. 小王向人民法院提供小李的个人信息界面(微信头像、昵称、微信号、地区等信息)截图

B. 小王删除自认为与借款无关的部分聊天记录

C. 小王向人民法院提供转账记录截图

D. 小王在开庭时登录微信向人民法院展示相关界面

33. 关于申请人民法院调取证据的情形,以下哪一项是错误的?(　　)

笔记区

A. 证据由国家有关部门保存，当事人及其诉讼代理人无权查阅调取的

B. 涉及国家秘密、商业秘密或者个人隐私的

C. 当事人及其诉讼代理人因客观原因不能自行收集的其他证据

D. 因收集相关证据需要花费一定的差旅费，当事人不愿意承担的

34. 下列哪一项不是申请法院命令对方当事人提交某一证据时需要满足的条件？（　　）

A. 申请命令对方当事人提交的书证能够明确

B. 申请人能够提供该证据的复印件

C. 申请命令对方当事人提交的书证对于待证事实的证明有必要

D. 待证事实对于裁判结果有实质性影响

35. 在我国，对书证、物证、视听资料进行质证时，当事人原则上应当出示证据的原件或者原物，下列哪些选项属于例外情形？（　　）（多选）

A. 出示原件或者原物确有困难并经人民法院准许出示复制件或者复制品的

B. 原件或者原物已不存在，但有证据证明复制件、复制品与原件或者原物一致的

C. 原物在远房亲戚家保存，不方便取得的

笔记区

D. 有多份原件，对方当事人也有，认为没必要出示的

36. 当事人申请司法鉴定，需要满足以下哪些条件？（　　）（多选）

A. 在举证期限届满前提出

B. 申请鉴定的事项与待证事实有关联

C. 申请鉴定对待证事实的证明无意义

D. 申请鉴定的费用低廉

37. 下列关于司法鉴定费用承担的表述，哪一选项是错误的？（　　）

A. 鉴定人拒不出庭作证的，支付鉴定费用的当事人可以要求返还鉴定费用

B. 当事人申请鉴定，应当在人民法院指定期间内提出，并预交鉴定费用

C. 鉴定申请人逾期不提出申请或者不预交鉴定费用的，视为放弃申请

D. 鉴定费用一般由法院垫付，待诉讼结束后再决定由谁承担相关费用

38. 下列关于民事诉讼证据保全的表述，哪一选项是错误的？（　　）

A. 当事人申请证据保全，法院不得要求提供担保

B. 在证据可能灭失或者以后难以取得的情况下，人民法院也可以主动采取保全措施

笔记区

C. 因情况紧急,在证据可能灭失或者以后难以取得的情况下,利害关系人可以在提起诉讼或者申请仲裁前,向有管辖权的人民法院申请保全证据

D. 在证据可能灭失或者以后难以取得的情况下,当事人可以在诉讼过程中向人民法院申请保全证据

39. 下列哪些事实属于当事人无须举证证明的事实?(　　)(多选)

A. 当事人自认为一定真实的事实

B. 众所周知的事实

C. 已为人民法院发生法律效力的裁判所确认的基本事实

D. 自然规律以及定理、定律

40. 下列哪一项有关民事诉讼举证期限的表述是错误的?(　　)

A. 当事人因故意或者重大过失逾期提供的证据,人民法院不予采纳

B. 当事人可以随时提出证据,即使开庭之后也可以再提出新证据

C. 当事人非因故意或者重大过失逾期提供的证据,人民法院应当采纳,并对当事人予以训诫

D. 当事人一方要求另一方赔偿因逾期提供证据致使其增加的交通、住宿、就餐、误工、证人出庭作证等必要费

笔记区

用的,人民法院可予支持

参考答案

1. C	2. ABD	3. BCD	4. C	5. D
6. C	7. ABCD	8. B	9. B	10. C
11. AD	12. D	13. C	14. B	15. B
16. D	17. A	18. A	19. C	20. B
21. B	22. A	23. D	24. D	25. B
26. C	27. D	28. A	29. C	30. C
31. ABCD	32. B	33. D	34. B	35. AB
36. AB	37. D	38. A	39. BCD	40. B